Александр Александрович
БЛОК
1880 — 1921

Александр
БЛОК

Стихи о Прекрасной Даме

УДК 821.161.1
ББК 84(2Рос-Рус)1+6-5
Б 70

Серийное оформление Вадима Пожидаева
Оформление обложки Валерия Гореликова

Блок А.
Б 70 Стихи о Прекрасной Даме / Александр Блок. — СПб. : Азбука, Азбука-Аттикус, 2020. — 256 с. — (Азбука-классика).
ISBN 978-5-389-04745-7

Его называли «трагическим тенором эпохи».

Ему посвящали свои стихи Ахматова, Цветаева, Пастернак...

Его ранние стихотворения так же сумеречны, томительны и недосказанны, как эпоха модерна, вместе с которой он пришел в русскую литературу.

В настоящий сборник вошли стихотворения из двух книг А. Блока, 1898–1904 и 1904–1908 годов. Среди них — стихи о Прекрасной Даме, циклы «Распутья», «Пузыри земли», «Город», «Снежная маска», «Фаина», «Вольные мысли». В сборник включено также эссе Зинаиды Гиппиус о Блоке — «Мой лунный друг».

«Всякое стихотворение — покрывало, растянутое на остриях нескольких слов. Эти слова светятся, как звезды... Из-за них существует стихотворение...» (Александр Блок)

УДК 821.161.1
ББК 84(2Рос-Рус)1+6-5

ISBN 978-5-389-04745-7

© Оформление. ООО «Издательская Группа „Азбука-Аттикус"», 2012
Издательство АЗБУКА®

Книга первая

1898—1904

ANTE LUCEM[1]
(1898—1900)

* * *

Пусть светит месяц — ночь темна.
Пусть жизнь приносит людям счастье, —
В моей душе любви весна
Не сменит бурного ненастья.
Ночь распростерлась надо мной
И отвечает мертвым взглядом
На тусклый взор души больной,
Облитой острым, сладким ядом.
И тщетно, страсти затая,
В холодной мгле передрассветной
Среди толпы блуждаю я
С одной лишь думою заветной:
Пусть светит месяц — ночь темна.
Пусть жизнь приносит людям счастье, —
В моей душе любви весна
Не сменит бурного ненастья.

Январь 1898
С.-Петербург

* * *

Полный месяц встал над лугом
Неизменным дивным кругом,
Светит и молчит.

---

[1] До света *(лат.)*.

Бледный, бледный луг цветущий,
Мрак ночной, по нем ползущий,
    Отдыхает, спит.
Жутко выйти на дорогу:
Непонятная тревога
    Под луной царит.
Хоть и знаешь: утром рано
Солнце выйдет из тумана,
    Поле озарит,
И тогда пройдешь тропинкой,
Где под каждою былинкой
    Жизнь кипит.

21 июля 1898
с. Шахматово

* * *

Она молода и прекрасна была
И чистой мадонной осталась,
Как зеркало речки спокойной, светла.
Как сердце мое разрывалось!..

Она беззаботна, как синяя даль,
Как лебедь уснувший, казалась;
Кто знает, быть может, была и печаль...
Как сердце мое разрывалось!..

Когда же мне пела она про любовь,
То песня в душе отзывалась,
Но страсти не ведала пылкая кровь...
Как сердце мое разрывалось!..

21 июля 1898

* * *

> Там один и был цветок,
> Ароматный, несравненный...
>
> *Жуковский*

Я стремлюсь к роскошной воле,
Мчусь к прекрасной стороне,
Где в широком чистом поле
Хорошо, как в чудном сне.
Там цветут и клевер пышный,
И невинный василек,
Вечно шелест легкий слышно:
Колос клонит... Путь далек!
Есть одно лишь в океане,
Клонит лишь одно траву...
Ты не видишь там, в тумане,
Я увидел — и сорву!

7 августа 1898

* * *

> Мне снилось, что ты умерла.
>
> *Гейне*

Мне снилась смерть любимого созданья:
Высо́ко, весь в цветах, угрюмый гроб стоял,
Толпа теснилась вкруг, и речи состраданья
Мне каждый так участливо шептал.
А я смотрел кругом без думы, без участья,
Встречая свысока желавших мне помочь;
Я чувствовал вверху незыблемое счастье,
Вокруг себя — безжалостную ночь.
Я всех благодарил за слово утешенья
И руки жал, и пела мысль в крови:
«Блаженный, вечный дух унес твое мученье!
Блажен утративший создание любви!»

10 ноября 1898

* * *

Милый друг! Ты юною душою
    Так чиста!
Спи пока! Душа моя с тобою,
    Красота!
Ты проснешься, будет ночь и вьюга
    Холодна.
Ты тогда с душой надежной друга
    Не одна.
Пусть вокруг зима и ветер воет, —
    Я с тобой!
Друг тебя от зимних бурь укроет
    Всей душой!

8 февраля 1899

ГАМАЮН, ПТИЦА ВЕЩАЯ
(Картина В. Васнецова)

На гладях бесконечных вод,
Закатом в пурпур облеченных,
Она вещает и поет,
Не в силах крыл поднять смятенных...
Вещает иго злых татар,
Вещает казней ряд кровавых,
И трус, и голод, и пожар,
Злодеев силу, гибель правых...
Предвечным ужасом объят,
Прекрасный лик горит любовью,
Но вещей правдою звучат
Уста, запекшиеся кровью!..

23 февраля 1899

* * *

Я шел к блаженству. Путь блестел
Росы вечерней красным светом,
А в сердце, замирая, пел
Далекий голос песнь рассвета.
Рассвета песнь, когда заря
Стремилась гаснуть, звезды рдели,
И неба вышние моря
Вечерним пурпуром горели!..
Душа горела, голос пел,
В вечерний час звуча рассветом.
Я шел к блаженству. Путь блестел
Росы вечерней красным светом.

18 мая 1899

* * *

Дышит утро в окошко твое,
Вдохновенное сердце мое,
Пролетают забытые сны,
Воскресают виденья весны,
И на розовом облаке грез
В вышине чью-то душу пронес
Молодой, народившийся бог...
Покидай же тлетворный чертог,
Улетай в бесконечную высь,
За крылатым виденьем гонись,
Утро знает стремленье твое,
Вдохновенное сердце мое!

5 августа 1899

НЕВЕДОМОМУ БОГУ

Не ты ли душу оживишь?
Не ты ли ей откроешь тайны?

Не ты ли песни окрылишь,
Что так безумны, так случайны?..

О, верь! Я жизнь тебе отдам,
Когда бессчастному поэту
Откроешь двери в новый храм,
Укажешь путь из мрака к свету!..

Не ты ли в дальнюю страну,
В страну неведомую ныне,
Введешь меня — я вдаль взгляну
И вскрикну: «Бог! Конец пустыне!»
22 сентября 1899

SERVUS — REGINAE[1]

Не призывай. И без призыва
    Приду во храм.
Склонюсь главою молчаливо
    К твоим ногам.

И буду слушать приказанья
    И робко ждать.
Ловить мгновенные свиданья
    И вновь желать.

Твоих страстей повержен силой,
    Под игом слаб.
Порой — слуга; порою — милый;
    И вечно — раб.
14 октября 1899

---

[1] Слуга — царице (*лат.*).

МОЕЙ МАТЕРИ

Спустилась мгла, туманами чревата.
Ночь зимняя тускла и сердцу не чужда.
Объемлет сирый дух бессилие труда,
Тоскующий покой, какая-то утрата.

Как уследишь ты, чем душа больна,
И, милый друг, чем уврачуешь раны?
Ни ты, ни я сквозь зимние туманы
Не можем зреть, зачем тоска сильна.

И нашим ли умам поверить, что когда-то
За чей-то грех на нас наложен гнет?
И сам покой тосклив, и нас к земле гнетет
Бессильный труд, безвестная утрата?

22 ноября 1899

* * *

Медлительной чредой нисходит день осенний,
Медлительно кру́тится желтый лист,
И день прозрачно свеж, и воздух дивно чист —
Душа не избежит невидимого тленья.

Так, каждый день стареется она,
И каждый год, как желтый лист кружится.
Всё кажется, и помнится, и мнится,
Что осень прошлых лет была не так грустна.

15 января 1900

* * *

Ярким солнцем, синей далью
В летний полдень любоваться —

Непонятною печалью
Дали солнечной терзаться...

Кто поймет, измерит оком,
Что́ за этой синей далью?
Лишь мечтанье о далеком
С непонятною печалью...
17 февраля 1900

* * *

Лениво и тяжко плывут облака
По синему зною небес.
Дорога моя тяжела, далека,
В недвижном томлении лес.

Мой конь утомился, храпит подо мной,
Когда-то родимый приют?..
А там, далеко, из-за чащи лесной
Какую-то песню поют.

И кажется: если бы голос молчал,
Мне было бы трудно дышать,
И конь бы, храпя, на дороге упал,
И я бы не мог доскакать!

Лениво и тяжко плывут облака,
И лес истомленный вокруг.
Дорога моя тяжела, далека,
Но песня — мой спутник и друг.
27 февраля 1900

* * *

Поэт в изгнаньи и в сомненьи
На перепутьи двух дорог.

Ночные гаснут впечатленья,
Восход и бледен и далек.

Всё нет в прошедшем указанья,
Чего желать, куда идти?
И он в сомненьи и в изгнаньи
Остановился на пути.

Но уж в очах горят надежды,
Едва доступные уму,
Что день проснется, вскроет вежды,
И даль привидится ему.
31 марта 1900

* * *

Хоть всё по-прежнему *певец*
Далеких жизни песен странных
Несет лирический венец
В стихах безвестных и туманных, —
Но к цели близится *поэт*,
Стремится, истиной влекомый,
И вдруг провидит новый свет
За далью, прежде незнакомой...
5 апреля 1900

* * *

На небе зарево. Глухая ночь мертва.
Толпится вкруг меня лесных дерев громада,
Но явственно доносится молва
Далекого, неведомого града.

Ты различишь домов тяжелый ряд,
И башни, и зубцы бойниц его суровых,

И темные сады за ка́мнями оград,
И стены гордые твердынь многовековых.

Так явственно из глубины веков
Пытливый ум готовит к возрожденью
Забытый гул погибших городов
И бытия возвратное движенье.

10 июня 1900

* * *

Не доверяй своих дорог
Толпе ласкателей несметной:
Они сломают твой чертог,
Погасят жертвенник заветный.

Все, духом сильные, — одни
Толпы нестройной убегают,
Одни на холмах жгут огни,
Завесы мрака разрывают.

25 июня 1900

* * *

Увижу я, как будет погибать
Вселенная, моя отчизна.
Я буду одиноко ликовать
Над бытия ужасной тризной.

Пусть одинок, но радостен мой век,
В уничтожение влюбленный.
Да, я, как ни один великий человек,
Свидетель гибели вселенной.

26 июня 1900

* * *

То отголосок юных дней
В душе проснулся, замирая,
И в блеске утренних лучей,
Казалось, ночь была немая.

То сон предутренний сошел,
И дух, на грани пробужденья,
Воспрянул, вскрикнул и обрел
Давно мелькнувшее виденье.

То был безжалостный порыв
Бессмертных мыслей вне сомнений.
И он умчался, пробудив
Толпы́ забытых откровений.

То бесконечность пронесла
Над падшим духом ураганы.
То Вечно Юная прошла
В неозаренные туманы.

29 июля 1900

* * *

Отрекись от любимых творений,
От людей и общений в миру,
Отрекись от мирских вожделений,
Думай день и молись ввечеру.

Если дух твой горит беспокойно,
Отгоняй вдохновения прочь.
Лишь единая мудрость достойна
Перейти в неизбежную ночь.

На земле не узнаешь награды.
Духом ясный пред Божьим лицом,
Догорай, покидая лампаду,
Одиноким и верным огнем.
1 ноября 1900

* * *

Измучен бурей вдохновенья,
Весь опален земным огнем,
С холодной жаждой искупленья
Стучался я в Господний дом.
Язычник стал христианином
И, весь израненный, спешил
Повергнуть ниц перед Единым
Остаток оскудевших сил.
Стучусь в преддверьи идеала,
Ответа нет... а там, вдали,
Манит, мелькает покрывало
Едва покинутой земли...
Господь не внял моей молитве,
Но чую — силы страстных дней
Дохнули раненому в битве,
Вновь разлились в душе моей.
Мне непонятно счастье рая,
Грядущий мрак, могильный мир...
Назад! Язычница младая
Зовет на дружественный пир!
3 ноября 1900

* * *

О. М. Соловьевой

Ищу спасенья.
Мои огни горят на высях гор —

Всю область ночи озарили.
Но ярче всех — во мне духовный взор
И Ты вдали... Но Ты ли?
        Ищу спасенья.

Торжественно звучит на небе звездный хор.
Меня клянут людские поколенья.
Я для Тебя в горах зажег костер,
        Но Ты — виденье.
        Ищу спасенья.

Устал звучать, смолкает звездный хор.
Уходит ночь. Бежит сомненье.
Там сходишь Ты с далеких светлых гор.
Я ждал Тебя. Я дух к Тебе простер.
        В Тебе — спасенье!

25 ноября 1900

* * *

Медленно, тяжко и верно
В черную ночь уходя,
Полный надежды безмерной,
Слово молитвы твердя,
Знаю — молитва поможет
Ясной надежде всегда,
Тяжкая верность заложит
Медленный камень труда.
Медленно, тяжко и верно
Мерю ночные пути:
Полному веры безмерной
К утру возможно дойти.

5 декабря 1900

31 ДЕКАБРЯ 1900 ГОДА

И ты, мой юный, мой печальный,
    Уходишь прочь!
Привет тебе, привет прощальный
    Шлю в эту ночь.
А я всё тот же гость усталый
    Земли чужой.
Бреду, как путник запоздалый,
    За красотой.
Она и блещет и смеется,
    А мне — одно:
Боюсь, что в кубке расплеснется
    Мое вино.
А между тем — кругом молчанье,
    Мой кубок пуст,
И смерти раннее призванье
    Не сходит с уст.
И ты, мой юный, вечной тайной
    Отходишь прочь.
Я за тобою, гость случайный,
    Как прежде — в ночь.

31 декабря 1900

СТИХИ О ПРЕКРАСНОЙ ДАМЕ
(1901—1902)

ВСТУПЛЕНИЕ

Отдых напрасен. Дорога крута.
Вечер прекрасен. Стучу в ворота.

Дольнему стуку чужда и строга,
Ты рассыпаешь кругом жемчуга.

Терем высок, и заря замерла.
Красная тайна у входа легла.

Кто поджигал на заре терема,
Что воздвигала Царевна Сама?

Каждый конек на узорной резьбе
Красное пламя бросает к тебе.

Купол стремится в лазурную высь.
Синие окна румянцем зажглись.

Все колокольные звоны гудят.
Залит весной беззакатный наряд.

Ты ли меня на закатах ждала?
Терем зажгла? Ворота отперла?

28 декабря 1903

* * *

Я вышел. Медленно сходили
На землю сумерки зимы.
Минувших дней младые были
Пришли доверчиво из тьмы...

Пришли и встали за плечами,
И пели с ветром о весне...
И тихими я шел шагами,
Провидя вечность в глубине...

О, лучших дней живые были!
Под вашу песнь из глубины
На землю сумерки сходили
И вечности вставали сны!..

25 января 1901
С.-Петербург

* * *

Ветер принес издалёка
Песни весенней намек,
Где-то светло и глубоко
Неба открылся клочок.

В этой бездонной лазури,
В сумерках близкой весны
Плакали зимние бури,
Реяли звездные сны.

Робко, темно и глубоко
Плакали струны мои.
Ветер принес издалёка
Звучные песни твои.

29 января 1901

МОЕЙ МАТЕРИ

Чем больней душе мятежной,
    Тем ясней миры.
Бог лазурный, чистый, нежный
    Шлет свои дары.

Шлет невзгоды и печали,
    Нежностью объят.
Но чрез них в иные дали
    Проникает взгляд.

И больней душе мятежной,
    Но ясней миры.
Это бог лазурный, нежный
    Шлет свои дары.

8 марта 1901

* * *

В день холодный, в день осенний
Я вернусь туда опять
Вспомнить этот вздох весенний,
Прошлый образ увидать.

Я приду — и не заплачу,
Вспоминая, не сгорю.
Встречу песней наудачу
Новой осени зарю.

Злые времени законы
Усыпили скорбный дух.
Прошлый вой, былые стоны
Не услышишь — я потух.

Самый огнь — слепые очи
Не сожжет мечтой былой.
Самый день — темнее ночи
Усыпленному душой.
27 апреля 1901
Поле за Старой Деревней

* * *

Белой ночью месяц красный
Выплывает в синеве.
Бродит призрачно прекрасный,
Отражается в Неве.

Мне провидится и снится
Исполненье тайных дум.
В вас ли доброе таится,
Красный месяц, тихий шум?..
22 мая 1901

* * *

Одинокий, к тебе прихожу,
Околдован огнями любви.
Ты гадаешь. — Меня не зови. —
Я и сам уж давно ворожу.

От тяжелого бремени лет
Я спасался одной ворожбой,
И опять ворожу над тобой,
Но неясен и смутен ответ.

Ворожбой полоненные дни
Я лелею года, — не зови...

Только скоро ль погаснут огни
Заколдованной темной любви?

1 июня 1901
с. Шахматово

* * *

> И тяжкий сон житейского сознанья
> Ты отряхнешь, тоскуя и любя.
>
> *Вл. Соловьев*

Предчувствую Тебя. Года проходят мимо —
Всё в облике одном предчувствую Тебя.

Весь горизонт в огне — и ясен нестерпимо,
И молча жду, — *тоскуя и любя*.

Весь горизонт в огне, и близко появленье,
Но страшно мне: изменишь облик Ты,

И дерзкое возбудишь подозренье,
Сменив в конце привычные черты.

О, как паду — и горестно, и низко,
Не одолев смертельныя мечты!

Как ясен горизонт! И лучезарность близко.
Но страшно мне: изменишь облик Ты.

4 июня 1901
с. Шахматово

* * *

Я жду призыва, ищу ответа,
Немеет небо, земля в молчаньи,
За желтой нивой — далёко где-то —
На миг проснулось мое воззванье.

Из отголосков далекой речи,
С ночного неба, с полей дремотных,
Всё мнятся тайны грядущей встречи,
Свиданий ясных, но мимолетных.

Я жду — и трепет объемлет новый,
Всё ярче небо, молчанье глуше...
Ночную тайну разрушит слово...
Помилуй, Боже, ночные души!

На миг проснулось за нивой, где-то,
Далеким эхом мое воззванье.
Всё жду призыва, ищу ответа,
Но странно длится земли молчанье...

7 июля 1901

* * *

С. Соловьеву

Входите все. Во внутренних покоях
Завета нет, хоть тайна здесь лежит.
Старинных книг на древних аналоях
Смущает вас оцепеневший вид.

Здесь в них жива святая тайна Бога,
И этим древностям истленья нет.
Вы, гордые, что создали так много,
Внушитель ваш и зодчий — здешний свет.

Напрасно вы исторгнули безбожно
Крикливые хуленья на Творца.
Вы все, рабы свободы невозможной,
Смутитесь здесь пред тайной без конца.

14 июля 1901

* * *

> Дождешься ль вечерней порой
> Опять и желанья, и лодки,
> Весла и огня за рекой?
>
> *Фет*

Сумерки, сумерки вешние,
Хладные волны у ног,
В сердце — надежды нездешние,
Волны бегут на песок.

Отзвуки, песня далекая,
Но различить — не могу.
Плачет душа одинокая
Там, на другом берегу.

Тайна ль моя совершается,
Ты ли зовешь вдалеке?
Лодка ныряет, качается,
Что-то бежит по реке.

В сердце — надежды нездешние,
Кто-то навстречу — бегу...
Отблески, сумерки вешние,
Клики на том берегу.

16 августа 1901

* * *

Ты горишь над высокой горою,
Недоступна в Своем терему.
Я примчуся вечерней порою,
В упоеньи мечту обниму.

Ты, заслышав меня издалёка,
Свой костер разведешь ввечеру.

Стану, верный велениям Рока,
Постигать огневую игру.

И, когда среди мрака снопами
Искры станут кружиться в дыму, —
Я умчусь с огневыми кругами
И настигну Тебя в терему.

18 августа 1901

* * *

Встану я в утро туманное,
Солнце ударит в лицо.
Ты ли, подруга желанная,
Всходишь ко мне на крыльцо?

Настежь ворота тяжелые!
Ветром пахнуло в окно!
Песни такие веселые
Не раздавались давно!

С ними и в утро туманное
Солнце и ветер в лицо!
С ними подруга желанная
Всходит ко мне на крыльцо!

3 октября 1901

* * *

Медленно в двери церковные
Шла я, душой несвободная,
Слышались песни любовные,
Толпы молились народные.

Или в минуту безверия
Он мне послал облегчение?
Часто в церковные двери я
Ныне вхожу без сомнения.

Падают розы вечерние,
Падают тихо, медлительно.
Я же молюсь суевернее,
Плачу и каюсь мучительно.

17 октября 1901

* * *

Будет день — и свершится великое,
Чую в будущем подвиг души.

Ты — другая, немая, безликая,
Притаилась, колдуешь в тиши.

Но, во что обратишься — не ведаю,
И не знаешь ты, буду ли твой,

А уж *Там* веселятся победою
Над единой и страшной душой.

23 ноября 1901

* * *

Я долго ждал — ты вышла поздно,
Но в ожиданьи ожил дух,
Ложился сумрак, но бесслезно
Я напрягал и взор, и слух.

Когда же первый вспыхнул пламень,
И слово к небу понеслось, —

Разбился лед, последний камень
Упал, — и сердце занялось.

Ты в белой вьюге, в снежном стоне
Опять волшебницей всплыла,
И в вечном свете, в вечном звоне
Церквей смешались купола.

27 ноября 1901

* * *

Ночью вьюга снежная
Заметала след.
Розовое, нежное
Утро будит свет.

Встали зори красные,
Озаряя снег.
Яркое и страстное
Всколыхнуло брег.

Вслед за льдиной синею
В полдень я всплыву.
Деву в снежном инее
Встречу наяву.

5 декабря 1901

НОЧЬ НА НОВЫЙ ГОД

Лежат холодные туманы,
Горят багровые костры.
Душа морозная Светланы
В мечтах таинственной игры.

Скрипнет снег — сердца займутся —
Снова тихая луна.
За воротами смеются,
Дальше — улица темна.
Дай взгляну на праздник смеха,
Вниз сойду, покрыв лицо!
Ленты красные — помеха,
Милый глянет на крыльцо...
Но туман не шелохнется,
Жду полу́ночной поры.
Кто-то шепчет и смеется,
И горят, горят костры...
Скрипнет снег — в морозной дали
Тихий кра́дущийся свет.
Чьи-то санки пробежали...
«Ваше имя?» Смех в ответ...
Вот поднялся вихорь снежный,
Побелело всё крыльцо...
И смеющийся и нежный
Закрывает мне лицо...

Лежат холодные туманы,
Бледнея, кра́дется луна.
Душа задумчивой Светланы
Мечтой чудесной смущена...

31 декабря 1901

* * *

С. Соловьеву

Бегут неверные дневные тени.
Высок и внятен колокольный зов.
Озарены церковные ступени,
Их камень жив — и ждет твоих шагов.

Ты здесь пройдешь, холодный камень тронешь,
Одетый страшной святостью веков,
И, может быть, цветок весны уронишь
Здесь, в этой мгле, у строгих образов.

Растут невнятно розовые тени,
Высок и внятен колокольный зов,
Ложится мгла на старые ступени...
Я озарен — я жду твоих шагов.

4 января 1902

* * *

Сны раздумий небывалых
Стерегут мой день.
Вот видений запоздалых
Пламенная тень.

Все лучи моей свободы
Заалели *там*.
Здесь снега и непогоды
Окружили храм.

Все виденья так мгновенны —
Буду ль верить им?
Но Владычицей вселенной,
Красотой неизреченной,
Я, случайный, бедный, тленный,
Может быть, любим.

Дни свиданий, дни раздумий
Стерегут в тиши...
Ждать ли пламенных безумий
Молодой души?

Иль, застывши в снежном храме,
Не открыв лица,
Встретить брачными дарами
Вестников конца?

3 февраля 1902

* * *

На весенний праздник света
Я зову родную тень.
Приходи, не жди рассвета,
Приноси с собою день!

Новый день — не тот, что бьется
С ветром в окна по весне!
Пусть без у́молку смеется
Небывалый день в окне!

Мы тогда откроем двери,
И заплачем, и вздохнем,
Наши зимние потери
С легким сердцем понесем...

3 февраля 1902

* * *

Не поймут бесскорбные люди
Этих масок, смехов в окне!
Ищу на распутьи безлюдий,
Веселий — не надо мне!

О, странно сладки напевы...
Они кажутся так ясны!
А здесь уже бледные девы
Угото́вали путь весны.

Они знают, что́ мне неведомо,
Но поет теперь лишь одна...
Я за нею — горящим следом —
Всю ночь, всю ночь — у окна!

10 февраля 1902

* * *

Мы живем в старинной келье
    У разлива вод.
Здесь весной кипит веселье,
    И река поет

Но в предвестие веселий,
    В день весенних бурь
К нам прольется в двери келий
    Светлая лазурь.

И полны заветной дрожью
    Долгожданных лет,
Мы помчимся к бездорожью
    В несказа́нный свет.

18 февраля 1902

* * *

    И Дух и Невеста говорят: прииди.
                      Апокалипсис

Верю в Солнце Завета,
Вижу зори вдали.
Жду вселенского света
От весенней земли.

Всё дышавшее ложью
Отшатнулось, дрожа.

Предо мной — к бездорожью
Золотая межа.

Заповеданных лилий
Прохожу я леса.
Полны ангельских крылий
Надо мной небеса.

Непостижного света
Задрожали струи.
Верю в Солнце Завета,
Вижу очи Твои.
22 февраля 1902

* * *

Ты — божий день. Мои мечты —
Орлы, кричащие в лазури.
Под гневом светлой красоты
Они всечасно в вихре бури.

Стрела пронзает их сердца,
Они летят в паденьи диком...
Но и в паденьи — нет конца
Хвалам, и клёкоту, и крикам!
21 февраля 1902

* * *

Гадай и жди. Среди полно́чи
В твоем окошке, милый друг,
Зажгутся дерзостные очи,
Послышится условный стук.

И мимо, задувая свечи,
Как некий Дух, закрыв лицо,
С надеждой невозможной встречи
Пройдет на милое крыльцо.

15 марта 1902

* * *

Я медленно сходил с ума
У двери той, которой жажду.
Весенний день сменяла тьма,
И только разжигала жажду.

Я плакал, страстью утомясь,
И стоны заглушал угрюмо.
Уже двоилась, шевелясь,
Безумная, больная дума.

И проникала в тишину
Моей души, уже безумной,
И залила мою весну
Волною черной и бесшумной.

Весенний день сменяла тьма,
Хладело сердце над могилой.
Я медленно сходил с ума,
Я думал холодно о милой.

Март 1902

* * *

Весна в реке ломает льдины,
И милых мертвых мне не жаль:
Преодолев мои вершины,
Забыл я зимние теснины
И вижу голубую даль.

Что́ сожалеть в дыму пожара,
Что́ сокрушаться у креста,
Когда всечасно жду удара,
Или божественного дара
Из Моисеева куста!

Март 1902

* * *

Странных и новых ищу на страницах
Старых испытанных книг,
Грежу о белых исчезнувших птицах,
Чую оторванный миг.

Жизнью шумящей нестройно взволнован,
Шепотом, криком смущен,
Белой мечтой неподвижно прикован
К берегу поздних времен.

Белая Ты, в глубинах несмутима,
В жизни — строга и гневна.
Тайно тревожна и тайно любима,
Дева, Заря, Купина.

Блекнут ланиты у дев златокудрых,
Зори не вечны, как сны.
Терны венчают смиренных и мудрых
Белым огнем Купины.

4 апреля 1902

* * *

Днем вершу я дела суеты,
Зажигаю огни ввечеру.

Безысходно туманная — ты
Предо мной затеваешь игру.

Я люблю эту ложь, этот блеск,
Твой манящий девичий наряд,
Вечный гомон и уличный треск,
Фонарей убегающий ряд.

Я люблю, и любуюсь, и жду
Переливчатых красок и слов.
Подойду и опять отойду
В глубины́ протекающих снов.

Как ты лжива и как ты бела!
Мне же по́ сердцу белая ложь...
Завершая дневные дела,
Знаю — вечером снова придешь.

5 апреля 1902

* * *

Люблю высокие соборы,
Душой смиряясь, посещать,
Входить на сумрачные хоры,
В толпе поющих исчезать.
Боюсь души моей двуликой
И осторожно хороню
Свой образ дьявольский и дикий
В сию священную броню.
В своей молитве суеверной
Ищу защиты у Христа,
Но из-под маски лицемерной
Смеются лживые уста.
И тихо, с измененным ликом,
В мерцаньи мертвенном свечей,

Бужу я память о Двуликом
В сердцах молящихся людей.
Вот — содрогнулись, смолкли хоры,
В смятеньи бросились бежать...
Люблю высокие соборы,
Душой смиряясь, посещать.

8 апреля 1902

* * *

Мы встречались с тобой на закате,
Ты веслом рассекала залив.
Я любил твое белое платье,
Утонченность мечты разлюбив.

Были странны безмолвные встречи.
Впереди — на песчаной косе
Загорались вечерние свечи.
Кто-то думал о бледной красе.

Приближений, сближений, сгораний —
Не приемлет лазурная тишь...
Мы встречались в вечернем тумане,
Где у берега рябь и камыш.

Ни тоски, ни любви, ни обиды,
Всё померкло, прошло, отошло...
Белый стан, голоса панихиды
И твое золотое весло.

13 мая 1902

* * *

Брожу в стенах монастыря,
Безрадостный и темный инок.

Чуть брежжит бледная заря, —
Слежу мелькания снежинок.

Ах, ночь длинна, заря бледна
На нашем севере угрюмом.
У занесенного окна
Упорным предаюся думам.

Один и тот же снег — белей
Нетронутой и вечной ризы.
И вечно бледный воск свечей,
И убеленные карнизы.

Мне странен холод здешних стен
И непонятна жизни бедность.
Меня пугает сонный плен
И братий мертвенная бледность.

Заря бледна и ночь долга,
Как ряд заутрень и обеден.
Ах, сам я бледен, как снега,
В упорной думе сердцем беден...

11 июня 1902
с. Шахматово

* * *

Имеющий невесту есть жених; а друг жениха, стоящий и внимающий ему, радостью радуется, слыша голос жениха.

От Иоанна, III, 29

Я, отрок, зажигаю свечи,
Огонь кадильный берегу.
Она без мысли и без речи
На том смеется берегу.

Люблю вечернее моленье
У белой церкви над рекой,
Передзакатное селенье
И сумрак мутно-голубой.

Покорный ласковому взгляду,
Любуюсь тайной красоты,
И за церковную ограду
Бросаю белые цветы.

Падет туманная завеса.
Жених сойдет из алтаря.
И от вершин зубчатых леса
Забрежжит брачная заря.

7 июля 1902

* * *

Я и молод, и свеж, и влюблен,
Я в тревоге, в тоске и в мольбе,
Зеленею, таинственный клен,
Неизменно склоненный к тебе.
Теплый ветер пройдет по листам —
Задрожат от молитвы стволы,
На лице, обращенном к звездам, —
Ароматные слезы хвалы.
Ты придешь под широкий шатер
В эти бледные сонные дни
Заглядеться на милый убор,
Размечтаться в зеленой тени.
Ты одна, влюблена и со мной,
Нашепчу я таинственный сон,
И до ночи — с тоскою, с тобой,
Я с тобой, зеленеющий клен.

31 июля 1902

* * *

Свет в окошке шатался,
В полумраке — один —
У подъезда шептался
С темнотой арлекин.

Был окутанный мглою
Бело-красный наряд.
Наверху — за стеною —
Шутовской маскарад.

Там лицо укрывали
В разноцветную ложь.
Но в руке узнавали
Неизбежную дрожь.

Он — мечом деревянным
Начертал письмена.
Восхищенная странным,
Потуплялась *Она*.

Восхищенью не веря,
С темнотою — один —
У задумчивой двери
Хохотал арлекин

6 августа 1902

* * *

Золотистою долиной
Ты уходишь, нем и дик.
Тает в небе журавлиный
Удаляющийся крик.

Замер, кажется, в зените
Грустный голос, долгий звук.
Бесконечно тянет нити
Торжествующий паук.

Сквозь прозрачные волокна
Солнце, света не тая,
Праздно бьет в слепые окна
Опустелого жилья.

За нарядные одежды
Осень солнцу отдала
Улетевшие надежды
Вдохновенного тепла.
29 августа 1902

* * *

Я вышел в ночь — узнать, понять
Далекий шорох, близкий ропот,
Несуществующих принять,
Поверить в мнимый конский топот.

Дорога, под луной бела,
Казалось, полнилась шагами.
Там только чья-то тень брела
И опустилась за холмами.

И слушал я — и услыхал:
Среди дрожащих лунных пятен
Далёко, звонко конь скакал,
И легкий посвист был понятен.

Но здесь, и дальше — ровный звук,
И сердце медленно боролось,

О, как понять, откуда стук,
Откуда будет слышен голос?

И вот, слышнее звон копыт,
И белый конь ко мне несется...
И стало ясно, кто молчит
И на пустом седле смеется.

Я вышел в ночь — узнать, понять
Далекий шорох, близкий ропот,
Несуществующих принять,
Поверить в мнимый конский топот.

6 сентября 1902
С.-Петербург

ЭККЛЕСИАСТ

Благословляя свет и тень
И веселясь игрою лирной,
Смотри туда — в хаос безмирный,
Куда склоняется твой день.

Цела серебряная цепь,
Твои наполнены кувшины,
Миндаль цветет на дне долины,
И влажным зноем дышит степь.

Идешь ты к дому на горах,
Полдневным солнцем залитая;
Идешь — повязка золотая
В смолистых тонет волосах.

Зачахли каперса цветы,
И вот — кузнечик тяжелеет,
И на дороге ужас веет,
И помрачились высоты.

Молоть устали жернова.
Бегут испуганные стражи,
И всех объемлет призрак вражий,
И долу гнутся дерева.

Всё диким страхом смятено.
Столпились в кучу люди, звери.
И тщетно замыкают двери
Досель смотревшие в окно.
24 сентября 1902

* * *

О легендах, о сказках, о мигах:
    Я искал до скончания дней
    В запыленных, зачитанных книгах
    Сокровенную сказку о Ней.

Об отчаяньи муки напрасной:
    Я стою у последних ворот
    И не знаю — в очах у Прекрасной
    Сокровенный огонь или лед.

О последнем, о светлом, о зыбком:
    Не открою, и дрогну, и жду:
    Верю тихим осенним улыбкам,
    Золотистому солнцу на льду.

17 октября 1902

* * *

Явился он на стройном бале
В блестяще сомкнутом кругу.
Огни зловещие мигали,
И взор описывал дугу.

Всю ночь кружились в шумном танце,
Всю ночь у стен сжимался круг.
И на заре — в оконном глянце
Бесшумный появился друг.

Он встал и поднял взор совиный,
И смотрит — пристальный — один,
Куда за бледной Коломбиной
Бежал звенящий Арлекин.

А там — в углу — под образами,
В толпе, мятущейся пестро,
Вращая детскими глазами,
Дрожит обманутый Пьеро.

7 октября 1902

* * *

Свобода смотрит в синеву.
Окно открыто. Воздух резок.
За желто-красную листву
Уходит месяца отрезок.

Он будет ночью — светлый серп,
Сверкающий на жатве ночи.
Его закат, его ущерб
В последний раз ласкает очи.

Как и тогда, звенит окно.
Но голос мой, как воздух свежий,
Пропел давно, замолк давно
Под тростником у прибережий.

Как бледен месяц в синеве,
Как золотится тонкий волос...

Как там качается в листве
Забытый, блеклый, мертвый колос...
10 октября 1902

* * *

Любил я нежные слова.
Искал таинственных соцветий.
И, прозревающий едва,
Еще шумел, как в играх дети.

Но, выходя под утро в луг,
Твердя невнятные напевы,
Я знал Тебя, мой вечный друг,
Тебя, Хранительница-Дева.

Я знал, задумчивый поэт,
Что ни один не ведал гений
Такой свободы, как обет
Моих невольничьих Служений.
18 октября 1902

* * *

Вхожу я в темные храмы,
Совершаю бедный обряд.
Там жду я Прекрасной Дамы
В мерцаньи красных лампад.

В тени у высокой колонны
Дрожу от скрипа дверей.
А в лицо мне глядит, озаренный,
Только образ, лишь сон о Ней.

О, я привык к этим ризам
Величавой Вечной Жены!
Высоко бегут по карнизам
Улыбки, сказки и сны.

О, Святая, как ласковы свечи,
Как отрадны Твои черты!
Мне не слышны ни вздохи, ни речи,
Но я верю: Милая — Ты.

25 октября 1902

* * *

Разгораются тайные знаки
На глухой, непробудной стене.
Золотые и красные маки
Надо мной тяготеют во сне.

Укрываюсь в ночные пещеры
И не помню суровых чудес.
На заре — голубые химеры
Смотрят в зеркале ярких небес.

Убегаю в прошедшие миги,
Закрываю от страха глаза,
На листах холодеющей книги —
Золотая девичья коса.

Надо мной небосвод уже низок,
Черный сон тяготеет в груди.
Мой конец предначертанный близок,
И война, и пожар — впереди.

Октябрь 1902

РАСПУТЬЯ
(1902—1904)

* * *

Я их хранил в приделе Иоанна,
Недвижный страж, — хранил огонь лампад.

И вот — Она, и к Ней — моя Осанна —
Венец трудов — превыше всех наград.

Я скрыл лицо, и проходили годы.
Я пребывал в Служеньи много лет.

И вот зажглись лучом вечерним своды,
Она дала мне Царственный Ответ.

Я здесь один хранил и теплил свечи.
Один — пророк — дрожал в дыму кадил.

И в Оный День — один участник Встречи —
Я этих Встреч ни с кем не разделил.

8 ноября 1902

* * *

Стою у власти, душой одинок,
Владыка земной красоты.
Ты, полный страсти ночной цветок,
Полюбила мои черты.

Склоняясь низко к моей груди,
Ты печальна, мой вешний цвет.
Здесь сердце близко, но там впереди
Разгадки для жизни нет.

И, многовластный, числю, как встарь,
Ворожу и гадаю вновь,
Как с жизнью страстной я, мудрый царь,
Сочетаю Тебя, Любовь?

14 ноября 1902

* * *

Запевающий сон, зацветающий цвет,
Исчезающий день, погасающий свет.

Открывая окно, увидал я сирень.
Это было весной — в улетающий день.

Раздышались цветы — и на темный карниз
Передвинулись тени ликующих риз.

Задыхалась тоска, занималась душа,
Распахнул я окно, трепеща и дрожа.

И не помню — откуда дохнула в лицо,
Запевая, сгорая, взошла на крыльцо.

Сентябрь—декабрь 1902

* * *

Андрею Белому

Целый год не дрожало окно,
Не звенела тяжелая дверь;
Всё забылось — забылось давно,
И она отворилась теперь.

Суетились, поспешно крестясь...
Выносили серебряный гроб...
И старуха, за ручку держась,
Спотыкалась о снежный сугроб.

Равнодушные лица толпы,
Любопытных соседей набег...
И кругом протоптали тропы́,
Осквернив целомудренный снег.

Но, ложась в снеговую постель,
Услыхал заключенный в гробу,
Как вдали запевала метель,
К небесам подымая трубу.

6 января 1903

* * *

Я к людям не выйду навстречу,
Испугаюсь хулы и похвал.
Пред Тобой Одною отвечу,
За то, что всю жизнь молчал.

Молчаливые мне понятны,
И люблю обращенных в слух:
За словами — сквозь гул невнятный
Просыпается светлый Дух.

Я выйду на праздник молчанья,
Моего не заметят лица.
Но во мне — потаенное знанье
О любви к Тебе без конца.

14 января 1903

* * *

Потемнели, поблекли залы.
Почернела решотка окна.
У дверей шептались вассалы:
«Королева, королева больна».

И король, нахмуривший брови,
Проходил без пажей и слуг.
И в каждом брошенном слове
Ловили смертный недуг.

У дверей затихнувшей спальни
Я плакал, сжимая кольцо.
Там — в конце галлереи дальней
Кто-то вторил, закрыв лицо.

У дверей Несравненной Дамы
Я рыдал в плаще голубом.
И, шатаясь, вторил тот самый —
Незнакомец с бледным лицом.

4 февраля 1903

* * *

Погружался я в море клевера,
Окруженный сказками пчел.
Но ветер, зовущий с севера,
Мое детское сердце нашел.

Призывал на битву равнинную —
Побороться с дыханьем небес.
Показал мне дорогу пустынную,
Уходящую в темный лес.

Я иду по ней косогорами
И смотрю неустанно вперед,
Впереди с невинными взорами
Мое детское сердце идет.

Пусть глаза утомятся бессонные,
Запоет, заалеет пыль...
Мне цветы и пчелы влюбленные
Рассказали не сказку — быль.

18 февраля 1903

* * *

— Всё ли спокойно в народе?
— Нет. Император убит.
Кто-то о новой свободе
На площадях говорит.

— Все ли готовы подняться?
— Нет. Каменеют и ждут.
Кто-то велел дожидаться:
Бродят и песни поют.

— Кто же поставлен у власти?
— Власти не хочет народ.
Дремлют гражданские страсти:
Слышно, что кто-то идет.

— Кто ж он, народный смиритель?
— Темен, и зол, и свиреп:
Инок у входа в обитель
Видел его — и ослеп.

Он к неизведанным безднам
Гонит людей, как стада...

Посохом гонит железным...
— Боже! Бежим от Суда!

3 марта 1903

* * *

Мне снились веселые думы,
Мне снилось, что я не один...
Под утро проснулся от шума
И треска несущихся льдин.

Я думал о сбывшемся чуде...
А там, наточив топоры,
Веселые красные люди,
Смеясь, разводили костры:

Смолили тяжелые челны...
Река, распевая, несла
И синие льдины, и волны,
И тонкий обломок весла...

Пьяна от веселого шума,
Душа небывалым полна...
Со мною — весенняя дума,
Я знаю, что Ты не одна...

11 марта 1903

* * *

Отворяются двери — там мерцанья,
И за ярким окошком — виденья.
Не знаю — и не скрою незнанья,
Но усну — и потекут сновиденья.

В тихом воздухе — тающее, знающее...
Там что-то притаилось и смеется.
Что смеется? Мое ли, вздыхающее,
Мое ли сердце радостно бьется?

Весна ли за окнами — розовая, сонная?
Или это Ясная мне улыбается?
Или только мое сердце влюбленное?
Или только кажется? Или всё узнается?

17 марта 1903

* * *

Я вырезал посох из дуба
Под ласковый шепот вьюги.
Одежды бедны и грубы,
О, как недостойны подруги!

Но найду, и нищий, дорогу,
Выходи, морозное солнце!
Проброжу весь день ради бога,
Ввечеру постучусь в оконце...

И откроет белой рукою
Потайную дверь предо мною
Молодая, с золотой косою,
С ясной, открытой душою.

Месяц и звезды в косах...
«Входи, мой царевич приветный...»
И бедный дубовый посох
Заблестит слезой самоцветной...

25 марта 1903

* * *

С. Соловьеву

У забытых могил пробивалась трава.
Мы забыли вчера... И забыли слова...
    И настала кругом тишина...

Этой смертью отшедших, сгоревших дотла,
Разве Ты не жива? Разве Ты не светла?
    Разве сердце Твое — не весна?

Только здесь и дышать, у подножья могил,
Где когда-то я нежные песни сложил
    О свиданьи, быть может, с Тобой...

Где впервые в мои восковые черты
Отдаленною жизнью повеяла Ты,
    Пробиваясь могильной травой...

1 апреля 1903

* * *

Просыпаюсь я — и в поле туманно,
Но с моей вышки — на солнце укажу.
И пробуждение мое безжеланно,
Как девушка, которой я служу.

Когда я в сумерки проходил по дороге,
Заприметился в окошке красный огонек.
Розовая девушка встала на пороге
И сказала мне, что я красив и высок.

В этом вся моя сказка, добрые люди.
Мне больше не надо от вас ничего:

Я никогда не мечтал о чуде —
И вы успокойтесь — и забудьте про него.

2 мая 1903

* * *

Ей было пятнадцать лет. Но по стуку
Сердца — невестой быть мне могла.
Когда я, смеясь, предложил ей руку,
Она засмеялась и ушла.

Это было давно. С тех пор проходили
Никому не известные годы и сроки.
Мы редко встречались и мало говорили,
Но молчанья были глубоки.

И зимней ночью, верен сновиденью,
Я вышел из людных и ярких зал,
Где душные маски улыбались пенью,
Где я ее глазами жадно провожал.

И она вышла за мной, покорная,
Сама не ведая, что́ будет через миг.
И видела лишь ночь городская, черная,
Как прошли и скрылись: невеста и жених.

И в день морозный, солнечный, красный —
Мы встретились в храме — в глубокой тишине:
Мы поняли, что годы молчанья были ясны,
И то, что свершилось, — свершилось в вышине.

Этой повестью долгих, блаженных исканий
Полна моя душная, песенная грудь.

Из этих песен создал я зданье,
А другие песни — спою когда-нибудь.

16 июня 1903
Bad Nauheim

* * *

М. А. Олениной д'Альгейм

Темная, бледно-зеленая
Детская комнатка.
Нянюшка бродит сонная.
«Спи, мое дитятко».

В углу — лампадка зеленая.
От нее — золотые лучики.
Нянюшка, над постелькой склоненная...
«Дай заверну твои ноженьки и рученьки».

Нянюшка села и задумалась.
Лучики побежали — три лучика.
«Нянюшка, о чем ты задумалась?
Расскажи про святого мученика».

Три лучика. Один тоненький...
«Святой мученик, дитятко, преставился...
Закрой глазки, мой мальчик сонненький.
Святой мученик от мученья избавился».

23 ноября 1903

ФАБРИКА

В соседнем доме окна жолты.
По вечерам — по вечерам
Скрипят задумчивые болты,
Подходят люди к воротам.

И глухо заперты ворота,
А на стене — а на стене
Недвижный кто-то, черный кто-то
Людей считает в тишине.

Я слышу всё с моей вершины:
Он медным голосом зовет
Согнуть измученные спины
Внизу собравшийся народ.

Они войдут и разбредутся,
Навалят на́ спины кули.
И в жолтых окнах засмеются,
Что этих нищих провели.

24 ноября 1903

ИЗ ГАЗЕТ

Встала в сияньи. Крестила детей.
И дети увидели радостный сон.
Положила, до полу клонясь головой,
Последний земной поклон.

Коля проснулся. Радостно вздохнул,
Голубому сну еще рад наяву.
Прокатился и замер стеклянный гул:
Звенящая дверь хлопнула внизу.

Прошли часы. Приходил человек
С оловянной бляхой на теплой шапке.
Стучал и дожидался у двери человек.
Никто не открыл. Играли в прятки.

Были веселые морозные Святки.

Прятали мамин красный платок.
В платке уходила она по утрам.
Сегодня оставила дома платок:
Дети прятали его по углам.

Подкрались сумерки. Детские тени
Запрыгали на стене при свете фонарей.
Кто-то шел по лестнице, считая ступени.
Сосчитал. И заплакал. И постучал у дверей.

Дети прислушались. Отворили двери.
Толстая соседка принесла им щей.
Сказала: «Кушайте». Встала на колени
И, кланяясь, как мама, крестила детей.

Мамочке не больно, розовые детки.
Мамочка сама на рельсы легла.
Доброму человеку, толстой соседке,
Спасибо, спасибо. Мама не могла...

Мамочке хорошо. Мама умерла.
27 декабря 1903

* * *

Светлый сон, ты не обманешь,
Ляжешь в утренней росе,
Алой пылью тихо встанешь
На закатной полосе.

Солнце небо опояшет,
Вот и вечер — весь в огне.
Зайчик розовый запляшет
По цветочкам на стене.

На балконе, где алеют
Мхи старинных баллюстрад,
Деды дремлют и лелеют
Сны французских баррикад.

Мы внимаем ветхим дедам,
Будто статуям из ниш:
Сладко вспомнить за обедом
Старый пламенный Париж,

Протянув больную руку,
Сладко юным погрозить,
Сладко гладить кудри внуку,
О минувшем говорить.

И в алеющем закате
На балконе подремать,
В мягком стеганом халате
Перебраться на кровать...

Скажут: «Поздно, мы устали...»
Разойдутся на заре.
Я с тобой останусь в зале,
Лучик ляжет на ковре.

Милый сон, вечерний лучик...
Тени бархатных ресниц...
В золотистых перьях тучек
Танец нежных вечерниц...

25 февраля 1904

* * *

Мой любимый, мой князь, мой жених,
Ты печален в цветистом лугу.

Повиликой средь нив золотых
Завилась я на том берегу.

Я ловлю твои сны на лету
Бледно-белым прозрачным цветком.
Ты сомнешь меня в полном цвету
Белогрудым усталым конем.

Ах, бессмертье мое растопчи, —
Я огонь для тебя сберегу.
Робко пламя церковной свечи
У заутрени бледной зажгу.

В церкви станешь ты, бледен лицом,
И к Царице Небесной придешь, —
Колыхнусь восковым огоньком,
Дам почуять знакомую дрожь...

Над тобой — как свеча — я тиха.
Пред тобой — как цветок — я нежна.
Жду тебя, моего жениха.
Всё невеста — и вечно жена.

26 марта 1904

* * *

> Наш Арго!
> *Андрей Белый*

Сторожим у входа в терем,
    Верные рабы.
Страстно верим, выси мерим,
    Вечно ждем трубы.

Вечно — завтра. У решотки
    Каждый день и час

Славословит голос четкий
    Одного из нас.

Воздух полон воздыханий,
    Грозовых надежд,
Высь горит от несмыканий
    Воспаленных вежд.

Ангел розовый укажет,
    Скажет: «Вот она:
Бисер нижет, в нити вяжет —
    Вечная Весна».

В светлый миг услышим звуки
    Отходящих бурь.
Молча свяжем вместе руки,
    Отлетим в лазурь.

Март—апрель 1904

* * *

Вот он — ряд гробовых ступеней.
И меж нас — никого. Мы вдвоем.
Спи ты, нежная спутница дней,
Залитых небывалым лучом.

Ты покоишься в белом гробу.
Ты с улыбкой зовешь: не буди.
Золотистые пряди на лбу.
Золотой образок на груди.

Я отпраздновал светлую смерть,
Прикоснувшись к руке восковой,
Остальное — бездонная твердь
Схоронила во мгле голубой.

Спи — твой отдых никто не прервет.
Мы — окрай неизвестных дорог.
Всю ненастную ночь напролет
Здесь горит осиянный чертог.

18 июня 1904
с. Шахматово

Книга вторая

1904—1908

ВСТУПЛЕНИЕ

Ты в поля отошла без возврата.
Да святится Имя Твое!
Снова красные копья заката
Протянули ко мне острие.

Лишь к Твоей золотой свирели
В черный день устами прильну.
Если все мольбы отзвенели,
Угнетенный, в поле усну.

Ты пройдешь в золотой порфире —
Уж не мне глаза разомкнуть.
Дай вздохнуть в этом сонном мире.
Целовать излучённый путь...

О, исторгни ржавую душу!
Со святыми меня упокой,
Ты, Держащая море и сушу
Неподвижно тонкой Рукой!

16 апреля 1905

ПУЗЫРИ ЗЕМЛИ
(1904—1905)

> Земля, как и вода, содержит газы,
> И это были пузыри земли.
>
> *Макбет*

БОЛОТНЫЕ ЧЕРТЕНЯТКИ

А. М. Ремизову

Я прогнал тебя кнутом
В полдень сквозь кусты,
Чтоб дождаться здесь вдвоем
Тихой пустоты.

Вот — сидим с тобой на мху
Посреди болот.
Третий — месяц наверху —
Искривил свой рот.

Я, как ты, дитя дубрав,
Лик мой также стерт.
Тише вод и ниже трав —
Захудалый черт.

На дурацком колпаке
Бубенец разлук.
За плечами — вдалеке —
Сеть речных излук...

И сидим мы, дурачки, —
Нежить, немочь вод.

Зеленеют колпачки
Задом наперед.

Зачумленный сон воды,
Ржавчина волны...
Мы — забытые следы
Чьей-то глубины...

Январь 1905

БОЛОТНЫЙ ПОПИК

На весенней проталинке
За вечерней молитвою — маленький
Попик болотный виднеется.

Ветхая ряска над кочкой
      Чернеется
Чуть заметною точкой.

И в безбурности зорь красноватых
Не видать чертенят бесноватых,
    Но вечерняя прелесть
Увила вкруг него свои тонкие руки...
    Предзакатные звуки,
    Легкий шелест.

    Тихонько он молится,
    Улыбается, клонится,
    Приподняв свою шляпу.

И лягушке хромой, ковыляющей,
      Травой исцеляющей
Перевяжет болящую лапу.
Перекрестит и пустит гулять:
«Вот, ступай в родимую гать.

Душа моя рада
Всякому гаду
И всякому зверю
И о всякой вере».

И тихонько молится,
Приподняв свою шляпу,
За стебель, что клонится,
За больную звериную лапу,
И за Римского Папу.

Не бойся пучины тряской —
Спасет тебя черная ряска.

17 апреля 1905

* * *

На весеннем пути в теремок
Перелетный вспорхнул ветерок,
Прозвенел золотой голосок.

Постояла она у крыльца,
Поискала дверного кольца,
И поднять не посмела лица.

И ушла в синеватую даль,
Где дымилась весенняя таль,
Где кружилась над лесом печаль.

Там — в березовом дальнем кругу —
Старикашка сгибал из березы дугу
И приметил ее на лугу.

Закричал и запрыгал на пне:
«Ты, красавица, верно, ко мне!
Стосковалась в своей тишине!»

За корявые пальцы взялась,
С бородою зеленой сплелась
И с туманом лесным поднялась.

Так тоскуют они об одном,
Так летают они вечерком,
Так венчалась весна с колдуном.

24 апреля 1905

* * *

Полюби эту вечность болот:
Никогда не иссякнет их мощь.
Этот злак, что сгорел, — не умрет.
Этот куст — без истления — тощ.

Эти ржавые кочки и пни
Знают твой отдыхающий плен.
Неизменно предвечны они, —
Ты пред Вечностью полон измен.

Одинокая участь светла.
Безначальная доля свята.
Это Вечность Сама снизошла
И навеки замкнула уста.

3 июня 1905

СТАРУШКА И ЧЕРТЕНЯТА

Григорию Е.

Побывала старушка у Троицы
И всё дальше идет, на восток.
Вот сидит возле белой околицы,
Обвевает ее вечерок.

Собрались чертенята и карлики,
Только диву даются в кустах
На костыль, на мешок, на сухарики,
На усталые ноги в лаптях.

«Эта странница, верно, не рада нам —
Приложилась к мощам — и свята;
Надышалась божественным ладаном,
Чтобы видеть Святые Места.

Чтоб идти ей тропинками злачными,
На зеленую травку присесть...
Чтоб высо́ко над елями мрачными
Пронеслась золотистая весть...»

И мохнатые, малые каются,
Умиленно глядят на костыль,
Униженно в траве кувыркаются,
Поднимают копытцами пыль:

«Ты прости нас, старушка ты божия,
Не бери нас в Святые Места!
Мы и здесь лобызаем подножия
Своего, полевого Христа.

Занимаются села пожарами,
Грозовая над нами весна,
Но за майскими тонкими чарами
Затлевает и нам Купина...»

Июль 1905

ПЛЯСКИ ОСЕННИЕ

Волновать меня снова и снова —
В этом тайная воля твоя.

Радость ждет сокровенного слова
И уж ткань золотая готова,
Чтоб душа засмеялась моя.

Улыбается осень сквозь слезы,
В небеса улетает мольба,
И за кружевом тонкой березы
Золотая запела труба.

Так волнуют прозрачные звуки,
Будто милый твой голос звенит,
Но молчишь ты, поднявшая руки,
Устремившая руки в зенит.

И округлые руки трепещут,
С белых плеч ниспадают струй,
За тобой в хороводах расплещут
Осенницы одежды свои.

Осененная реющей влагой,
Распустила ты пряди волос.
Хороводов твоих по оврагу
Золотое кольцо развилось.

Очарованный музыкой влаги,
Не могу я не петь, не плясать,
И не могут луга и овраги
Под стопою твоей не сгорать.

С нами, к нам — легкокрылая младость,
Нам воздушная участь дана...
И откуда приходит к нам Радость,
И откуда плывет Тишина?

Тишина умирающих злаков —
Это светлая в мире пора:

Сон, заветных исполненный знаков,
Что сегодня пройдет, как вчера,

Что полеты времен и желаний —
Только всплески девических рук —
На земле, на зеленой поляне,
Неразлучный и радостный круг.

И безбурное солнце не будет
Нарушать и гневить Тишину,
И лесная трава не забудет,
Никогда не забудет весну.

И снежинки по склонам оврага
Заметут, заровняют края,
Там, где им заповедала влага,
Там, где пляска, где воля твоя.

1 октября 1905

НОЧНАЯ ФИАЛКА
СОН
(1906)

Миновали случайные дни
И равнодушные ночи,
И, однако, памятно мне
То, что хочу рассказать вам,
То, что случилось во сне.

Город вечерний остался за мною.
Дождь начинал моросить.
Далеко, у самого края,
Там, где небо, устав прикрывать
Поступки и мысли сограждан моих,
Упало в болото, —
Там краснела полоска зари.

Город покинув,
Я медленно шел по уклону
Малозастроенной улицы,
И, кажется, друг мой со мной.
Но если и шел он,
То молчал всю дорогу.
Я ли просил помолчать,
Или сам он был грустно настроен,
Только, друг другу чужие,
Разное видели мы:
Он видел извощичьи дрожки,
Где молодые и лысые франты
Обнимали раскрашенных женщин.

Также не были чужды ему
Девицы, смотревшие в окна
Сквозь желтые бархатцы...
Но все посерело, померкло,
И зренье у спутника — также,
И, верно, другие желанья
Его одолели,
Когда он исчез за углом,
Нахлобучив картуз,
И оставил меня одного
(Чем я был несказа́нно доволен,
Ибо что же приятней на свете,
Чем утрата лучших друзей?).

Прохожих стало все меньше.
Только тощие псы попадались навстречу,
Только пьяные бабы ругались вдали.
Над равниною мокрой торчали
Кочерыжки капусты, березки и вербы,
И пахло болотом.

И пока прояснялось сознанье,
Умолкали шаги, голоса,
Разговоры о тайнах различных религий,
И заботы о плате за строчку, —
Становилось ясней и ясней,
Что когда-то я был здесь и видел
Все, что вижу во сне, — наяву.

Опустилась дорога,
И не стало видно строений.
На болоте, от кочки до кочки,
Над стоячей и ржавой водой
Перекинуты мостики были,
И тропинка вилась
Сквозь лилово-зеленые сумерки

В сон, и в дрёму, и в лень,
Где внизу и вверху,
И над кочкою чахлой,
И под красной полоской зари, —
Затаил ожидание воздух
И как будто на страже стоял,
Ожидая расцвета
Нежной дочери струй
Водяных и воздушных.

И недаром все было спокойно
И торжественной встречей полно́:
Ведь никто не слыхал никогда
От родителей смертных,
От наставников школьных,
Да и в книгах никто не читал,
Что вблизи от столицы,
На болоте глухом и пустом,
В час фабричных гудков и журфиксов,
В час забвенья о зле и добре,
В час разгула родственных чувств
И развратно длинных бесед
О дурном состояньи желудка
И о новом совете министров,
В час презренья к лучшим из нас,
Кто, падений своих не скрывая,
Без стыда продает свое тело
И на пыльно-трескучих троттуарах
С наглой скромностью смотрит в глаза, —
Что в такой оскорбительный час
Всем доступны виденья.
Что такой же бродяга, как я,
Или, может быть, ты, кто читаешь
Эти строки, с любовью иль злобой, —
Может видеть лилово-зеленый

Безмятежный и чистый цветок,
Что зовется Ночною Фиалкой.

Так я знал про себя,
Проходя по болоту,
И увидел сквозь сетку дождя
Небольшую избушку.
Сам не зная, куда я забрел,
Приоткрыл я тяжелую дверь
И смущенно встал на пороге.
В длинной, низкой избе по стенам
Неуклюжие лавки стояли.
На одной — перед длинным столом —
Молчаливо сидела за пряжей,
Опустив над работой пробор,
Некрасивая девушка
С неприметным лицом.
Я не знаю, была ли она
Молода иль стара,
И какого цвета волосы были,
И какие черты и глаза.
Знаю только, что тихую пряжу пряла,
И потом, отрываясь от пряжи,
Долго, долго сидела, не глядя,
Без забот и без дум.
И еще я, наверное, знаю,
Что когда-то уж видел ее,
И была она, может быть, краше
И, пожалуй, стройней и моложе,
И, быть может, грустили когда-то,
Припадая к подножьям ее,
Короли в сединáх голубых.

И запомнилось мне,
Что в избе этой низкой

Веял сладкий дурман,
Оттого, что болотная дрёма
За плечами моими текла,
Оттого, что пронизан был воздух
Зацветаньем Фиалки Ночной,
Оттого, что на праздник вечерний
Я не в брачной одежде пришел.
Был я нищий бродяга,
Посетитель ночных ресторанов,
А в избе собрались короли;
Но запомнилось ясно,
Что когда-то я был в их кругу
И устами касался их чаши
Где-то в скалах, на фьордах,
Где уж нет ни морей, ни земли,
Только в сумерках снежных
Чуть блестят золотые венцы
Скандинавских владык.

Было тяжко опять приступить
К исполненью сурового долга,
К поклоненью забытым венцам,
Но они дожидались,
И грустя засмеялась душа
Запоздалому их ожиданью.

Обходил я избу,
Руки жал я товарищам прежним,
Но они не узнали меня.
Наконец, за огромною бочкой
(Верно, с пивом), на узкой скамье
Я заметил сидящих
Старика и старуху.
И глаза различили венцы,
Потускневшие в воздухе ржавом,

На зеленых и древних кудрях.
Здесь сидели веками они,
Дожидаясь привычных поклонов,
Чуть кивая пришельцам в ответ.
Обойдя всех сидевших на лавках,
Я отвесил поклон королям;
И по старым, глубоким морщинам
Пробежала усталая тень;
И привычно торжественным жестом
Короли мне велели остаться.
И тогда, обернувшись,
Я увидел последнюю лавку
В самом темном углу.

Там, на лавке неровной и шаткой,
Неподвижно сидел человек,
Опершись на колени локтями,
Подпирая руками лицо.
Было видно, что он, не старея,
Не меняясь, и думая думу одну,
Прогрустил здесь века,
Так что члены одеревенели,
И теперь, обреченный, сидит
За одною и тою же думой
И за тою же кружкой пивной,
Что стоит рядом с ним на скамейке.

И когда я к нему подошел,
Он не поднял лица, не ответил
На поклон, и не двинул рукой.
Только понял я, тихо вглядевшись
В глубину его тусклых очей,
Что и мне, как ему, суждено
Здесь сидеть — у недо́питой кружки,
В самом темном углу.

Суждена мне такая же дума,
Так же руки мне надо сложить,
Так же тусклые очи направить
В дальний угол избы,
Где сидит под мерцающим светом,
За дремотой четы королевской,
За уснувшей дружиной,
За бесцельною пряжей —
Королевна забытой страны,
Что зовется Ночною Фиалкой.

Так сижу я в избе.
Рядом — кружка пивная
И печальный владелец ее.
Понемногу лицо его никнет,
Скоро тихо коснется колен,
Да и руки, не в силах согнуться,
Только брякнут костями,
Упадут и повиснут.
Этот нищий, как я, — в старину
Был, как я, благородного рода,
Стройным юношей, храбрым героем,
Обольстителем северных дев
И певцом скандинавских сказаний.
Вот обрывки одежды его:
Разноцветные полосы тканей,
Шитых золотом красным
И поблекших.

Дальше вижу дружину
На огромных скамьях:
Кто владеет в забвеньи
Рукоятью меча;
Кто, к щиту прислонясь,
Увязил долговязую шпору

Под скамьей;
Кто свой шлем уронил, — и у шлема,
На истлевшем полу,
Пробивается бледная травка,
Обреченная жить без весны
И дышать стариной бездыханной.

Дальше — чинно, у бочки пивной,
Восседают старик и старуха,
И на них догорают венцы,
Озаренные узкой полоской
Отдаленной зари.
И струятся зеленые кудри,
Обрамляя морщин глубину,
И глаза под навесом бровей
Огоньками болотными дремлют.

Дальше, дальше — беззвучно прядет,
И прядет, и прядет королевна,
Опустив над работой пробор.
Сладким сном одурманила нас,
Опоила нас зельем болотным,
Окружила нас сказкой ночной,
А сама всё цветет и цветет,
И болотами дышит Фиалка,
И беззвучная кружится прялка,
И прядет, и прядет, и прядет.

Цепенею, и сплю, и грущу,
И таю мою долгую думу,
И смотрю на полоску зари.
И проходят, быть может, мгновенья,
А быть может, — столетья.
Слышу, слышу сквозь сон
За стенами раскаты,

Отдаленные всплески,
Будто дальний прибой,
Будто голос из родины новой,
Будто чайки кричат,
Или стонут глухие сирены,
Или гонит играющий ветер
Корабли из веселой страны.
И нечаянно Радость приходит,
И далекая пена бушует,
Зацветают далёко огни.

Вот сосед мой склонился на кружку,
Тихо брякнули руки,
И приникла к скамье голова.
Вот рассыпался меч, дребезжа.
Щит упал. Из-под шлема
Побежала веселая мышка.
А старик и старуха на лавке
Прислонились тихонько друг к другу,
И над старыми их головами
Больше нет королевских венцов.

И сижу на болоте.
Над болотом цветет,
Не старея, не зная измены,
Мой лиловый цветок,
Что зову я — Ночною Фиалкой.

За болотом остался мой город,
Тот же вечер и та же заря.
И, наверное, друг мой, шатаясь,
Не однажды домой приходил
И ругался, меня проклиная,
И мертвецким сном засыпал.

Но столетья прошли,
И продумал я думу столетий.
Я у самого края земли,
Одинокий и мудрый, как дети.
Так же тих догорающий свод,
Тот же мир меня тягостный встретил.
Но Ночная Фиалка цветет,
И лиловый цветок ее светел.
И в зеленой ласкающей мгле
Слышу волн круговое движенье,
И больших кораблей приближенье,
Будто вести о новой земле.
Так заветная прялка прядет
Сон живой и мгновенный,
Что нечаянно Радость придет
И пребудет она совершенной.

И Ночная Фиалка цветет.

18 ноября 1905 — 6 мая 1906

РАЗНЫЕ СТИХОТВОРЕНИЯ
(1904—1908)

* * *

Я восходил на все вершины,
Смотрел в иные небеса,
Мой факел был и глаз совиный,
И утра Божия роса.

За мной! За мной! Ты молишь взглядом,
Ты веришь брошенным словам,
Как будто дважды чашу с ядом
Я поднесу к своим губам!

О, нет! Я сжег свои приметы,
Испепелил свои следы!
Всё, что забыто, недопето,
Не возвратится до Звезды —

До Той Звезды, которой близость
Познав, — сторицей отплачу
За всё величие и низость,
Которых тяжкий груз влачу!

15 марта 1904

* * *

Фиолетовый запад гнетет,
Как пожатье десницы свинцовой.

Мы летим неизменно вперед —
Исполнители воли суровой.

Нас немного. Все в дымных плащах.
Брыжжут искры и блещут кольчуги.
Поднимаем на севере прах,
Оставляем лазурность на юге.

Ставим троны иным временам —
Кто воссядет на темные троны?
Каждый душу разбил пополам
И поставил двойные законы.

Никому не известен конец.
И смятенье сменяет веселье.
Нам открылось в гаданьи: *мертвец*
Впереди рассекает ущелье.

14 мая 1904

ВЗМОРЬЕ

Сонный вздох онемелой волны
Дышит с моря, где серый маяк
Указал морякам быстрины,
Растрепал у поднébесья флаг.

Там зажегся последний фонарь,
Озаряя таинственный мол.
Там корабль возвышался, как царь,
И вчера в океан отошел.

Чуть серели его паруса,
Унося торжество в океан.
Я покорно смотрел в небеса,
Где Она расточала туман.

Я увидел Глядящую в твердь —
С неземным очертанием рук.
Издали́ мне привиделась Смерть,
Воздвигавшая тягостный звук.

Там поют среди серых камней,
В отголосках причудливых пен —
Переплески далеких морей,
Голоса корабельных сирен.

26 мая 1904

* * *

Тяжко нам было под вьюгами
Зиму холодную спать...
Землю промерзлую плугами
Не было мочи поднять!

Ранними летними росами
Выйдем мы в поле гулять...
Будем звенящими косами
Сочные травы срезать!

Настежь ворота тяжелые!
Ветер душистый в окно!
Песни такие веселые
Мы не певали давно!

5 ноября 1904

* * *

Шли на приступ. Прямо в грудь
Штык наточенный направлен.
Кто-то крикнул: «Будь прославлен!»
Кто-то шепчет: «Не забудь!»

Рядом пал, всплеснув руками,
И над ним сомкнулась рать.
Кто-то бьется под ногами,
Кто — не время вспоминать...

Только в памяти веселой
Где-то вспыхнула свеча.
И прошли, стопой тяжелой
Тело теплое топча...

Ведь никто не встретит старость —
Смерть летит из уст в уста...
Высоко пылает ярость,
Даль кровавая пуста...

Что же! громче будет скрежет,
Слаще боль и ярче смерть!
И потом — земля разнежит
Перепуганную твердь.

Январь 1905

* * *

Она веселой невестой была.
Но смерть пришла. Она умерла.

И старая мать погребла ее тут.
Но церковь упала в зацветший пруд.

Над зыбью самых глубоких мест
Плывет один неподвижный крест.

Миновали сотни и сотни лет,
А в старом доме юности нет.

И в доме, уставшем юности ждать,
Одна осталась старая мать.

Старуха вдевает нити в иглу.
Тени нитей дрожат на светлом полу.

Тихо, как будет. Светло, как было.
И счет годин старуха забыла.

Как мир, стара, как лунь, седа.
Никогда не умрет, никогда, никогда...

А вдоль комодов, вдоль старых кресел
Мушиный танец всё так же весел,

И красные нити лежат на полу,
И мышь щекочет обои в углу.

В зеркальной глуби — еще покой
С такой же старухой, как лунь, седой.

И те же нити, и те же мыши.
И тот же образ смотрит из ниши —

В окладе темном — темней пруда,
Со взором скромным — всегда, всегда...

Давно потухший взгляд безучастный,
Клубок из нитей веселый, красный...

И глубже, и глубже покоев ряд,
И в окна смотрит всё тот же сад,

Зеленый, как мир; высокий, как ночь;
Нежный, как отошедшая дочь...

«Вернись, вернись. Нить не хочет тлеть.
Дай мне спокойно умереть».

3 июня 1905

БАЛАГАНЧИК

Вот открыт балаганчик
Для веселых и славных детей,
Смотрят девочка и мальчик
На дам, королей и чертей.
И звучит эта адская музыка,
Завывает унылый смычок.
Страшный черт ухватил карапузика,
И стекает клюквенный сок.

Мальчик

Он спасется от черного гнева
Мановением белой руки.
Посмотри: огоньки
Приближаются слева...
Видишь факелы? видишь дымки?
Это, верно, сама королева...

Девочка

Ах, нет, зачем ты дразнишь меня?
Это — адская свита...
Королева — та ходит средь белого дня,
Вся гирляндами роз перевита,
И шлейф ее носит, мечами звеня,
Вздыхающих рыцарей свита.

Вдруг паяц перегнулся за рампу
И кричит: «Помогите!
Истекаю я клюквенным соком!

Забинтован тряпицей!
На голове моей — картонный шлем!
А в руке — деревянный меч!»

Заплакали девочка и мальчик.
И закрылся веселый балаганчик.

Июль 1905

ПОЭТ

Сидят у окошка с папой.
Над берегом вьются галки.

— Дождик, дождик! Скорей закапай!
У меня есть зонтик на палке!

— Там весна. А ты — зимняя пленница,
Бедная девочка в розовом капоре...
Видишь, море за окнами пенится?
Полетим с тобой, девочка, за́ море.

— А за морем есть мама?
                             — Нет.
— А где мама?
            — Умерла.
                       — Что это значит?
— Это значит: вон идет глупый поэт:
Он вечно о чем-то плачет.
— О чем?
         — О розовом капоре.
— Так у него нет мамы?
— Есть. Только ему нипочем:
Ему хочется за́ море,
Где живет Прекрасная Дама.

— А эта Дама — добрая?
                                    — Да.
— Так зачем же она не приходит?
— Она не придет никогда:
Она не ездит на пароходе.

Подошла ночка,
Кончился разговор папы с дочкой.

Июль 1905

ОСЕННЯЯ ВОЛЯ

Выхожу я в путь, открытый взорам,
Ветер гнет упругие кусты,
Битый камень лег по косогорам,
Желтой глины скудные пласты.

Разгулялась осень в мокрых долах,
Обнажила кладбища земли,
Но густых рябин в проезжих селах
Красный цвет зареет издали́.

Вот оно, мое веселье, пляшет
И звенит, звенит, в кустах пропав!
И вдали, вдали призывно машет
Твой узорный, твой цветной рукав.

Кто взманил меня на путь знакомый,
Усмехнулся мне в окно тюрьмы?
Или — каменным путем влекомый
Нищий, распевающий псалмы?

Нет, иду я в путь никем не званый,
И земля да будет мне легка!
Буду слушать голос Руси пьяной,
Отдыхать под крышей кабака.

Запою ли про свою удачу,
Как я молодость сгубил в хмелю...
Над печалью нив твоих заплачу,
Твой простор навеки полюблю...

Много нас — свободных, юных, статных —
Умирает, не любя...
Приюти ты в далях необъятных!
Как и жить и плакать без тебя!

Июль 1905
Рогачевское шоссе

* * *

Девушка пела в церковном хоре
О всех усталых в чужом краю,
О всех кораблях, ушедших в море,
О всех, забывших радость свою.

Так пел ее голос, летящий в купол,
И луч сиял на белом плече,
И каждый из мрака смотрел и слушал,
Как белое платье пело в луче.

И всем казалось, что радость будет,
Что в тихой заводи все корабли,
Что на чужбине усталые люди
Светлую жизнь себе обрели.

И голос был сладок, и луч был тонок,
И только высоко, у царских врат,
Причастный тайнам, — плакал ребенок
О том, что никто не придет назад.

Август 1905

* * *

Утихает светлый ветер,
Наступает серый вечер,
Ворон канул на сосну,
Тронул сонную струну.

В стороне чужой и темной
Как ты вспомнишь обо мне?
О моей любови скромной
Закручинишься ль во сне?

Пусть душа твоя мгновенна —
Над тобою неизменна
Гордость юная твоя,
Верность женская моя.

Не гони летящий мимо
Призрак легкий и простой,
Если будешь, мой любимый,
Счастлив с девушкой другой...

Ну, так с Богом! Вечер близок,
Быстрый лёт касаток низок,
   Надвигается гроза,
   Ночь глядит в твои глаза.

21 августа 1905

* * *

В голубой далекой спаленке
Твой ребенок опочил.
Тихо вылез карлик маленький
И часы остановил.

Всё, как было. Только странная
Воцарилась тишина.
И в окне твоем — туманная
Только улица страшна.

Словно что-то недосказано,
Что всегда звучит, всегда...
Нить какая-то развязана,
Сочетавшая года.

И прошла ты сонно-белая,
Вдоль по комнатам одна.
Опустила вся несмелая,
Штору синего окна.

И потом, едва заметная,
Тонкий полог подняла.
И, как время безрассветная,
Шевелясь, поникла мгла.

Стало тихо в дальней спаленке —
Синий сумрак и покой,
Оттого, что карлик маленький
Держит маятник рукой.

4 октября 1905

* * *

Евгению Иванову

Вот он — Христос — в цепях и розах
За решеткой моей тюрьмы.
Вот агнец кроткий в белых ризах
Пришел и смотрит в окно тюрьмы.

В простом окладе синего неба
Его икона смотрит в окно.
Убогий художник создал небо.
Но лик и синее небо — одно.

Единый, светлый, немного грустный —
За ним восходит хлебный злак,
На пригорке лежит огород капустный,
И березки и елки бегут в овраг.

И всё так близко и так далёко,
Что, стоя рядом, достичь нельзя,
И не постигнешь синего ока,
Пока не станешь сам как стезя...

Пока такой же нищий не будешь,
Не ляжешь, истоптан, в глухой овраг,
Обо всем не забудешь, и всего не разлюбишь,
И не поблекнешь, как мертвый злак.

10 октября 1905

* * *

Так. Неизменно всё, как было.
Я в старом ласковом бреду.
Ты для меня остановила
Времен живую череду.

И я пришел, плющом венчанный,
Как в юности, — к истокам рек.
И над водой, за мглой туманной, —
Мне улыбнулся тот же брег.

И те же явственные звуки
Меня зовут из камыша.

И те же матовые руки
Провидит вещая душа.

Как будто время позабыло
И ничего не унесло,
И неизменным сохранило
Певучей юности русло.

И так же вечен я и мирен,
Как был давно, в годину сна.
И тяжким золотом кумирен
Моя душа убелена.

10 октября 1905

СКАЗКА О ПЕТУХЕ И СТАРУШКЕ

Петуха упустила старушка,
Золотого, как день, петуха!
Не сама отворилась клетушка,
Долго ль в зимнюю ночь до греха!

И на белом узорном крылечке
Промелькнул золотой гребешок...
А старуха спускается с печки,
Все не может найти посошок...

Вот — ударило светом в оконце,
Загорелся старушечий глаз...
На дворе — словно яркое солнце,
Деревенька стоит напоказ.

Эх, какая беда приключилась,
Впопыхах не нащупать клюки...

Ишь, проклятая, где завалилась!..
А у страха глаза велики:

Вон стоит он в углу, озаренный,
Из-под шапки таращит глаза...
А на улице снежной и сонной
Суматоха, возня, голоса...

Прибежали к старухину дому,
Захватили ведро, кто не глуп...
А уж в кучке золы — незнакомый
Робко съежился маленький труп...

Долго, бабушка, верно, искала,
Не сыскала ты свой посошок...
Петушка своего потеряла,
Ан, нашел тебя сам петушок!

Зимний ветер гуляет и свищет,
Все играет с торчащей трубой...
Мертвый глаз будто все еще ищет,
Где пропал петушок... золотой.

А над кучкой золы разметенной,
Где гулял и клевал петушок,
То погаснет, то вспыхнет червонный
Золотой, удалой гребешок.
11 января 1906

* * *

Милый брат! Завечерело.
Чуть слышны колокола.
Над равниной побелело —
Сонноокая прошла.

Проплыла она — и стала,
Незаметная, близка.
И опять нам, как бывало,
Ноша тяжкая легка.

Меж двумя стенами бора
Редкий падает снежок.
Перед нами — семафора
Зеленеет огонек.

Небо — в зареве лиловом,
Свет лиловый на снегах,
Словно мы — в пространстве новом,
Словно — в новых временах.

Одиноко вскрикнет птица,
Отряхнув крылами ель,
И засыплет нам ресницы
Белоснежная метель...

Издали́ — локомотива
Поступь тяжкая слышна...
Скоро Финского залива
Нам откроется страна.

Ты поймешь, как в этом море
Облегчается душа,
И какие гаснут зори
За грядою камыша.

Возвратясь, уютно ляжем
Перед печкой на ковре
И тихонько перескажем
Всё, что видели, сестре...

Кончим. Тихо встанет с кресел,
Молчалива и строга.

Скажет каждому: «Будь весел.
За окном лежат снега».

13 января 1906

* * *

> Я знал ее еще тогда,
> В те баснословные года.
>
> *Тютчев*

Прошли года, но ты — всё та же:
Строга, прекрасна и ясна;
Лишь волосы немного глаже,
И в них сверкает седина.

А я — склонен над грудой книжной,
Высокий, сгорбленный старик, —
С одною думой непостижной
Смотрю на твой спокойный лик.

Да. Нас года не изменили.
Живем и дышим, как тогда,
И, вспоминая, сохранили
Те *баснословные года*...

Их светлый пепел — в длинной урне.
Наш светлый дух — в лазурной мгле.
И всё чудесней, всё лазурней —
Дышать прошедшим на земле.

30 мая 1906

АНГЕЛ-ХРАНИТЕЛЬ

Люблю Тебя, Ангел-Хранитель во мгле.
Во мгле, что со мною всегда на земле.

За то, что ты светлой невестой была,
За то, что ты тайну мою отняла.

За то, что связала нас тайна и ночь,
Что ты мне сестра, и невеста, и дочь.

За то, что нам долгая жизнь суждена,
О, даже за то, что мы — муж и жена!

За цепи мои и заклятья твои.
За то, что над нами проклятье семьи.

За то, что не любишь того, что люблю.
За то, что о нищих и бедных скорблю.

За то, что не можем согласно мы жить.
За то, что хочу и не смею убить —

Отмстить малодушным, кто жил без огня,
Кто так унижал мой народ и меня!

Кто запер свободных и сильных в тюрьму,
Кто долго не верил огню моему.

Кто хочет за деньги лишить меня дня,
Собачью покорность купить у меня...

За то, что я слаб и смириться готов,
Что предки мои — поколенье рабов,

И нежности ядом убита душа,
И эта рука не поднимет ножа...

Но люблю я тебя и за слабость мою,
За горькую долю и силу твою.

Что огнем сожжено и свинцом залито —
Того разорвать не посмеет никто!

С тобою смотрел я на эту зарю —
С тобой в эту черную бездну смотрю.

И двойственно нам приказанье судьбы:
Мы вольные души! Мы злые рабы!

Покорствуй! Дерзай! Не покинь! Отойди!
Огонь или тьма — впереди?

Кто кличет? Кто плачет? Куда мы идем?
Вдвоем — неразрывно — навеки вдвоем!

Воскреснем? Погибнем? Умрем?
17 августа 1906

* * *

Есть лучше и хуже меня,
И много людей и богов,
И в каждом — метанье огня,
И в каждом — печаль облаков.

И каждый другого зажжет
И снова потушит костер,
И каждый печально вздохнет,
Взглянувши другому во взор...

Да буду я — царь над собой,
Со мною — да будет мой гнев,
Чтоб видеть над бездной глухой
Черты ослепительных дев!

Я сам свою жизнь сотворю,
И сам свою жизнь погублю.
Я буду смотреть на Зарю
Лишь с теми, кого полюблю.

Сентябрь 1906

* * *

Шлейф, забрызганный звездáми,
Синий, синий, синий взор.
Меж землей и небесами
Вихрем поднятый костер.

Жизнь и смерть в круженьи вечном,
Вся — в шелках тугих —
Ты — путям открыта млечным,
Скрыта в тучах грозовых.

Пали душные туманы.
Гасни, гасни свет, пролейся мгла...
Ты — рукою узкой, белой, странной
Факел-кубок в руки мне дала.

Кубок-факел брошу в купол синий —
Расплеснется млечный путь.
Ты одна взойдешь над всей пустыней
Шлейф кометы развернуть.

Дай серебряных коснуться складок,
Равнодушным сердцем знать,
Как мой путь страдальный сладок,
Как легко и ясно умирать.

Сентябрь 1906

РУСЬ

Ты и во сне необычайна.
Твоей одежды не коснусь.
Дремлю — и за дремотой тайна,
И в тайне — ты почиешь, Русь.

Русь, опоясана реками
И дебрями окружена,
С болотами и журавлями,
И с мутным взором колдуна,

Где разноликие народы
Из края в край, из дола в дол
Ведут ночные хороводы
Под заревом горящих сел.

Где ведуны с ворожеями
Чаруют злаки на полях,
И ведьмы тешатся с чертями
В дорожных снеговых столбах.

Где буйно заметает вьюга
До крыши — утлое жилье,
И девушка на злого друга
Под снегом точит лезвее.

Где все пути и все распутья
Живой клюкой изможждены,
И вихрь, свистящий в голых прутьях,
Поет преданья старины...

Так — я узнал в моей дремоте
Страны родимой нищету,
И в лоскутах ее лохмотий
Души скрываю наготу.

Тропу печальную, ночную
Я до погоста протоптал,
И там, на кладбище ночуя,
Подолгу песни распевал.

И сам не понял, не измерил,
Кому я песни посвятил,
В какого бога страстно верил,
Какую девушку любил.

Живую душу укачала,
Русь, на своих просторах, ты,
И вот — она не запятнала
Первоначальной чистоты.

Дремлю и за дремотой тайна,
И в тайне почивает Русь,
Она и в снах необычайна.
Ее одежды не коснусь.

24 сентября 1906

СЫН И МАТЬ

Моей матери

Сын осеняется крестом.
Сын покидает отчий дом.

В песнях матери оставленной
Золотая радость есть:
Только б он пришел прославленный,
Только б радость перенесть!

Вот, в доспехе ослепительном,
Слышно, ходит сын во мгле.

Дух свой предал небожителям,
Сердце — матери-земле.

Петухи поют к заутрене,
Ночь испуганно бежит.
Хриплый рог туманов утренних
За спиной ее трубит.

Поднялись над луговинами
Кудри спутанные мхов.
Метят взорами совиными
В стаю легких облаков...

Вот он, сын мой, в светлом облаке,
В шлеме утренней зари!
Сыплет он стрелами колкими
В чернолесья, в пустыри!..

Веет ветер очистительный
От небесной синевы.
Сын бросает меч губительный,
Шлем снимает с головы.

Точит грудь его пронзенная
Кровь и горние хвалы:
Здравствуй, даль, освобожденная
От ночной туманной мглы!

В сердце матери оставленной
Золотая радость есть:
Вот он, сын мой, окровавленный!
Только б радость перенесть!

Сын не забыл родную мать:
Сын воротился умирать.

4 октября 1906

* * *

Нет имени тебе, мой дальний.

Вдали лежала мать, больна.
Над ней склонялась всё печальней
Ее сиделка — тишина.

Но счастье было безначальней,
Чем тишина. Была весна.

Ты подходил к стеклянной двери
И там стоял, в саду, маня
Меня, задумчивую Мэри,
Голубоокую меня.

Я проходила тихой залой
Сквозь дрёму, шелесты и сны...
И на балконе тень дрожала
Ее сиделки — тишины...

Мгновенье — в зеркале старинном
Я видела себя, себя...
И шелестила платьем длинным
По ступеням — встречать тебя.

И жали руку эти руки...
И трепетала в них она...
Но издали летели звуки:
Там... задыхалась тишина.

И миг еще — в оконной раме
Я видела — уходишь ты...

И в окна к бедной, бедной маме
С балкона кланялись цветы...

К ней прилегла в опочивальне
Ее сиделка — тишина...

Я здесь, в моей девичьей спальне,
И рук не разомкнуть... одна...

Нет имени тебе, весна.
Нет имени тебе, мой дальний.

Октябрь 1906

ТИШИНА ЦВЕТЕТ

Здесь тишина цветет и движет
Тяжелым кораблем души,
И ветер, пес послушный, лижет
Чуть при́гнутые камыши.

Здесь в заводь праздную желанье
Свои приводит корабли.
И сладко тихое незнанье
О дальних ропотах земли.

Здесь легким образам и думам
Я отдаю стихи мои,
И томным их встречают шумом
Реки согласные струи.

И, томно опустив ресницы,
Вы, девушки, в стихах прочли,
Как от страницы до страницы
В даль потянули журавли.

И каждый звук был вам намек
И несказа́нным — каждый стих.

И вы любили на широком
Просторе легких рифм моих.

И каждая навек узнала
И не забудет никогда,
Как обнимала, целовала,
Как пела тихая вода.

Октябрь 1906

* * *

Так окрыленно, так напевно
Царевна пела о весне.
И я сказал: «Смотри, царевна,
Ты будешь плакать обо мне».

Но руки мне легли на плечи,
И прозвучало: «Нет. Прости.
Возьми свой меч. Готовься к сече.
Я сохраню тебя в пути.

Иди, иди, вернешься молод
И долгу верен своему.
Я сохраню мой лед и холод,
Замкнусь в хрустальном терему.

И будет радость в долгих взорах,
И тихо протекут года.
Вкруг замка будет вечный шорох,
Во рву — прозрачная вода...

Да, я готова к поздней встрече,
Навстречу руки протяну
Тебе, несущему из сечи
На острие копья — весну».

Даль опустила синий полог
Над замком, башней и тобой.
Прости, царевна. Путь мой долог.
Иду за огненной весной.

Октябрь 1906

* * *

Ищу огней — огней попутных
В твой черный, ведовско́й предел.
Меж темных заводей и мутных
Огромный месяц покраснел.

Его двойник плывет над лесом
И скоро станет золотым.
Тогда — простор болотным бесам,
И водяным, и лесовым.

Вертлявый бес верхушкой ели
Проткнет небесный золотой,
И долго будут петь свирели,
И стадо звякать за рекой...

И дальше путь, и месяц выше,
И звезды меркнут в серебре.
И тихо озарились крыши
В ночной деревне, на горе.

Иду, и холодеют росы,
И серебрятся о тебе,
Всё о тебе, расплетшей косы
Для друга тайного, в избе.

Дай мне пахучих, душных зелий
И ядом сладким заморочь,

Чтоб, раз вкусив твоих веселий,
Навеки помнить эту ночь.

Октябрь 1906

* * *

О жизни, догоревшей в хоре
На темном клиросе твоем.
О Деве с тайной в светлом взоре
Над осиянным алтарем.

О томных девушках у двери,
Где вечный сумрак и хвала.
О дальной Мэри, светлой Мэри,
В чьих взорах — свет, в чьих косах — мгла.

Ты дремлешь, Боже, на иконе,
В дыму кадильниц голубых.
Я пред тобою, на амвоне,
Я — сумрак улиц городских.

Со мной весна в твой храм вступила,
Она со мной обручена.
Я — голубой, как дым кадила,
Она — туманная весна.

И мы под сводом веем, веем,
Мы стелемся над алтарем,
Мы над народом чары деем
И Мэри светлую поем.

И девушки у темной двери,
На всех ступенях алтаря —
Как засветлевшая от Мэри
Передзакатная заря.

И чей-то душный, тонкий волос
Скользит и веет вкруг лица,
И на амвоне женский голос
Поет о Мэри без конца.

О розах над ее иконой,
Где вечный сумрак и хвала,
О деве дальней, благосклонной,
В чьих взорах — свет, в чьих косах — мгла.

Ноябрь 1906

БАЛАГАН

> Ну, старая кляча, пойдем
> ломать своего Шекспира!
>
> *Кин*

Над черной слякотью дороги
Не поднимается туман.
Везут, покряхтывая, дроги
Мой полинялый балаган.

Лицо дневное Арлекина
Еще бледней, чем лик Пьеро.
И в угол прячет Коломбина
Лохмотья, сшитые пестро...

Тащитесь, траурные клячи!
Актеры, правьте ремесло,
Чтобы от истины ходячей
Всем стало больно и светло!

В тайник души проникла плесень,
Но надо плакать, петь, идти,
Чтоб в рай моих заморских песен
Открылись торные пути.

Ноябрь 1906

* * *

Твоя гроза меня умчала
И опрокинула меня.
И надо мною тихо встала
Синь умирающего дня.

Я на земле грозою смятый
И опрокинутый лежу.
И слышу дальние раскаты,
И вижу радуги межу.

Взойду по ней, по семицветной
И незапятнанной стезе —
С улыбкой тихой и приветной
Смотреть в глаза твоей грозе.

Ноябрь 1906

* * *

Со́львейг! О, Со́львейг! О, Солнечный Путь!
Дай мне вздохнуть, освежить мою грудь!

В темных провалах, где дышит гроза,
Вижу зеленые злые глаза.

Ты ли глядишь, иль старуха — сова?
Чьи раздаются во мраке слова?

Чей ослепительный плащ на лету
Путь открывает в твою высоту?

Знаю — в горах распевают рога,
Волей твоей зацветают луга.

Дай отдохнуть на уступе скалы!
Дай расколоть это зеркало мглы!

Чтобы лохматые тролли, визжа,
Вниз сорвались, как потоки дождя,

Чтоб над омытой душой в вышине
День золотой был всерадостен мне!

Декабрь 1906

УСТАЛОСТЬ

Кому назначен темный жребий,
Над тем не властен хоровод.
Он, как звезда, утонет в небе,
И новая звезда взойдет.

И краток путь средь долгой ночи,
Друзья, близка ночная твердь!
И даже рифмы нет короче
Глухой, крылатой рифмы: *смерть*.

И есть ланит живая алость,
Печаль свиданий и разлук...
Но есть паденье, и усталость,
И торжество предсмертных мук.

14 февраля 1907

* * *

Зачатый в ночь, я в ночь рожден,
    И вскрикнул я, прозрев:
Так тяжек матери был стон,
    Так черен ночи зев.

Когда же сумрак поредел,
    Унылый день повлек
Клубок однообразных дел,
    Безрадостный клубок.

Что быть должно — то быть должно.
    Так пела с детских лет
Шарманка в низкое окно,
    И вот — я стал поэт.

Влюбленность расцвела в кудрях
    И в ранней грусти глаз.
И был я в розовых цепях
    У женщин много раз.

И всё, *как быть должно*, пошло:
    Любовь, стихи, тоска;
Всё приняла в свое русло
    Спокойная река.

Как ночь слепа, так я был слеп,
    И думал жить слепой...
Но раз открыли темный склеп,
    Сказали: *Бог с тобой.*

В ту ночь был белый ледоход,
    Разлив осенних вод.
Я думал: «Вот, река идет».
    И я пошел вперед.

В ту ночь река во мгле была,
    И в ночь и в темноту
Та — незнакомая — пришла
    И встала на мосту.

Она была — живой костер
    Из снега и вина.
Кто раз взглянул в желанный взор,
    Тот знает, кто она.

И тихо за руку взяла
    И глянула в лицо.
И маску белую дала
    И светлое кольцо.

«Довольно жить, оставь слова,
    Я, как метель, звонка,
Иною жизнию жива,
    Иным огнем ярка».

Она зовет. Она манит.
    В снегах земля и твердь.
Что́ мне поет? Что́ мне звенит?
    Иная жизнь? Глухая смерть?

12 апреля 1907

* * *

С каждой весною пути мои круче,
    Мертвенней сумрак очей.
С каждой весною ясней и певучей
    Таинства белых ночей.

Месяц ладью опрокинул в последней
    Бледной могиле, — и вот
Стертые лица и пьяные бредни...
    Карты... Цыганка поет.

Смехом волнуемый черным и громким,
    Был у нас пламенный лик.

Свет набежал. Промелькнули потемки.
Вот он: бесстрастен и дик.

Видишь, и мне наступила на горло,
Душит красавица ночь...
Краски последние смыла и стерла...
Что ж? Если можешь, пророчь...

Ласки мои неумелы и грубы.
Ты же — нежнее, чем май.
Что же? Целуй в помертвелые губы.
Пояс печальный снимай.

7 мая 1907

ДЕВУШКЕ

Ты перед ним — что стебель гибкий,
Он пред тобой — что лютый зверь.
Не соблазняй его улыбкой,
Молчи, когда стучится в дверь.

А если он ворвется силой,
За дверью стань и стереги:
Успеешь — в горнице немилой
Сухие стены подожги.

А если близок час позорный,
Ты повернись лицом к углу,
Свяжи узлом платок свой черный
И в черный узел спрячь иглу.

И пусть игла твоя вонзится
В ладони грубые, когда
В его руках ты будешь биться,
Крича от боли и стыда...

И пусть в угаре страсти грубой
Он не запомнит, сгоряча,
Твои оттиснутые зубы
Глубоким шрамом вдоль плеча!

6 июня 1907

* * *

Когда я создавал героя,
Кремень дробя, пласты деля,
Какого вечного покоя
Была исполнена земля!
Но в зацветающей лазури
Уже боролись свет и тьма,
Уже металась в синей буре
Одежды яркая кайма...
Щит ослепительно сверкучий
Сиял в разрыве синих туч,
И светлый меч, пронзая тучи,
Разил, как неуклонный луч...
Еще не явлен лик чудесный,
Но я провижу лик — зарю,
И в очи молнии небесной
С чудесным трепетом смотрю!

3 октября 1907

* * *

Твое лицо мне так знакомо,
Как будто ты жила со мной.
В гостях, на улице и дома
Я вижу тонкий профиль твой.
Твои шаги звенят за мною,
Куда я ни войду, ты там.

Не ты ли легкою стопою
За мною ходишь по ночам?
Не ты ль проскальзываешь мимо,
Едва лишь в двери загляну,
Полувоздушна и незрима,
Подобна виденному сну?
Я часто думаю, не ты ли
Среди погоста, за гумном,
Сидела, молча, на могиле
В платочке ситцевом своем?
Я приближался — ты сидела,
Я подошел — ты отошла,
Спустилась к речке и запела...
На голос твой колокола
Откликнулись вечерним звоном...
И плакал я, и робко ждал...
Но за вечерним перезвоном
Твой милый голос затихал...
Еще мгновенье — нет ответа,
Платок мелькает за рекой...
Но знаю горестно, что где-то
Еще увидимся с тобой.

1 августа 1908

ГОРОД
(1904—1908)

ПЕТР

Евг. Иванову

Он спит, пока закат румян.
И сонно розовеют латы.
И с тихим свистом сквозь туман
Глядится Змей, копытом сжатый.

Сойдут глухие вечера,
Змей расклубится над домами.
В руке протянутой Петра
Запляшет факельное пламя.

Зажгутся нити фонарей,
Блеснут витрины и тротуары.
В мерцаньи тусклых площадей
Потянутся рядами пары.

Плащами всех укроет мгла,
Потонет взгляд в манящем взгляде.
Пускай невинность из угла
Протяжно молит о пощаде!

Там, на скале, веселый царь
Взмахнул зловонное кадило,
И ризой городская гарь
Фонарь манящий облачила!

Бегите все на зов! на лов!
На перекрестки улиц лунных!
Весь город полон голосов
Мужских — крикливых, женских —
                              струнных!

Он будет город свой беречь,
И, заалев перед денницей,
В руке простертой вспыхнет меч
Над затихающей столицей.

22 февраля 1904

* * *

Вечность бросила в город
    Оловянный закат.
Край небесный распорот,
    Переулки гудят.

Всё бессилье гаданья
    У меня на плечах.
В окнах фабрик — преданья
    О разгульных ночах.

Оловянные кровли —
    Всем безумным приют.
В этот город торговли
    Небеса не сойдут.

Этот воздух так гулок,
    Так заманчив обман.
Уводи, переулок,
    В дымно-сизый туман...

26 июня 1904

* * *

Город в красные пределы
Мертвый лик свой обратил,
Серо-каменное тело
Кровью солнца окатил.

Стены фабрик, стекла окон,
Грязно-рыжее пальто,
Развевающийся локон —
Всё закатом залито.

Блещут искристые гривы
Золотых, как жар, коней,
Мчатся бешеные дива
Жадных облачных грудей,

Красный дворник плещет ведра
С пьяно-алою водой,
Пляшут огненные бедра
Проститутки площадной,

И на башне колокольной
В гулкий пляс и медный зык
Кажет колокол раздольный
Окровавленный язык.

28 июня 1904

* * *

Поднимались из тьмы погребов.
Уходили их головы в плечи.
Тихо выросли шумы шагов,
Словеса незнакомых наречий.

Скоро прибыли то́лпы других,
Волочили кирки и лопаты.
Расползлись по камням мостовых,
Из земли воздвигали палаты.

Встала улица, серым полна,
Заткалась паутинною пряжей.
Шелестя, прибывала волна,
Затрудняя проток экипажей.

Скоро день глубоко отступил,
В небе дальнем расставивший зори.
А незримый поток шелестил,
Проливаясь в наш город, как в море.

Мы не стали искать и гадать:
Пусть заменят нас новые люди!
В тех же муках рождала их мать,
Так же нежно кормила у груди...

В пелене отходящего дня
Нам была эта участь понятна...
Нам последний закат из огня
Сочетал и соткал свои пятна.

Не стерег исступленный дракон,
Не пылала под нами геенна.
Затопили нас волны времен,
И была наша участь — мгновенна.

10 сентября 1904

* * *

В кабаках, в переулках, в извивах,
В электрическом сне наяву

Я искал бесконечно красивых
И бессмертно влюбленных в молву.

Были улицы пьяны от криков.
Были солнца в сверканьи витрин.
Красота этих женственных ликов!
Эти гордые взоры мужчин!

Это были цари — не скитальцы!
Я спросил старика у стены:
«Ты украсил их тонкие пальцы
Жемчугами несметной цены?

Ты им дал разноцветные шубки?
Ты зажег их снопами лучей?
Ты раскрасил пунцовые губки,
Синеватые дуги бровей?»

Но старик ничего не ответил,
Отходя за толпою мечтать.
Я остался, таинственно светел,
Эту музыку блеска впивать...

А они проходили всё мимо,
Смутно каждая в сердце тая,
Чтоб навеки, ни с кем не сравнимой,
Отлететь в голубые края.

И мелькала за парою пара...
Ждал я светлого ангела к нам,
Чтобы здесь, в ликованьи троттуара,
Он одну приобщил небесам.

А вверху — на уступе опасном —
Тихо съежившись, карлик приник,

И казался нам знаменем красным
Распластавшийся в небе язык.

Декабрь 1904

* * *

Барка жизни встала
На большой мели.
Громкий крик рабочих
Слышен издали.
Песни и тревога
На пустой реке.
Входит кто-то сильный
В сером армяке.
Руль дощатый сдвинул,
Парус распустил
И багор закинул,
Грудью надавил.
Тихо повернулась
Красная корма,
Побежали мимо
Пестрые дома.
Вот они далёко,
Весело плывут.
Только нас с собою,
Верно, не возьмут!

Декабрь 1904

* * *

Я вам поведал неземное.
Я всё сковал в воздушной мгле.
В ладье — топор. В мечте — герои.
Так я причаливал к земле.

Скамья ладьи красна от крови
Моей растерзанной мечты,
Но в каждом доме, в каждом крове
Ищу отважной красоты.

Я вижу: ваши девы слепы,
У юношей безогнен взор.
Назад! Во мглу! В глухие склепы!
Вам нужен бич, а не топор!

И скоро я расстанусь с вами,
И вы увидите меня
Вон там, за дымными горами,
Летящим в облаке огня!

16 апреля 1905

МИТИНГ

Он говорил умно и резко,
    И тусклые зрачки
Метали прямо и без блеска
    Слепые огоньки.

А снизу устремлялись взоры
    От многих тысяч глаз,
И он не чувствовал, что скоро
    Пробьет последний час.

Его движенья были верны,
    И голос был суров,
И борода качалась мерно
    В такт запыленных слов.

И серый, как ночные своды,
    Он знал всему предел.

Цепями тягостной свободы
 Уверенно гремел.

Но те, внизу, не понимали
 Ни чисел, ни имен,
И знаком долга и печали
 Никто не заклеймен.

И тихий ропот поднял руку,
 И дрогнули огни.
Пронесся шум, подобный звуку
 Упавшей головни.

Как будто свет из мрака брызнул
 Как будто был намек...
Толпа проснулась. Дико взвизгнул
 Пронзительный свисток.

И в звоны стекол перебитых
 Ворвался стон глухой,
И человек упал на плиты
 С разбитой головой.

Не знаю, кто ударом камня
 Убил его в толпе,
И струйка крови, помню ясно,
 Осталась на столбе.

Еще свистки ломали воздух,
 И крик еще стоял,
А он уж лег на вечный отдых
 У входа в шумный зал...

Но огонек блеснул у входа...
 Другие огоньки...

И звонко брякнули у свода
    Взведенные курки.

И промелькнуло в беглом свете,
    Как человек лежал,
И как солдат ружье над мертвым
    Наперевес держал.

Черты лица бледней казались
    От черной бороды,
Солдаты, молча, собирались
    И строились в ряды.

И в тишине, внезапно вставшей,
    Был светел круг лица,
Был тихий ангел пролетавший,
    И радость — без конца.

И были строги и спокойны
    Открытые зрачки,
Над ними вытянулись стройно
    Блестящие штыки.

Как будто, спрятанный у входа
    За черной пастью дул,
Ночным дыханием свободы
    Уверенно вздохнул.

10 октября 1905

* * *

Вися над городом всемирным,
В пыли прошедшей заточен,
Еще монарха в утре лирном
Самодержавный клонит сон.

И предок царственно-чугунный
Всё так же бредит на змее,
И голос черни многострунный
Еще не властен на Неве.

Уже на до́мах веют флаги,
Готовы новые птенцы,
Но тихи струи невской влаги,
И слепы темные дворцы.

И если лик свободы явлен,
То прежде явлен лик змеи,
И ни один сустав не сдавлен
Сверкнувших колец чешуи.

18 октября 1905

* * *

Еще прекрасно серое небо,
Еще безнадежна серая даль.
Еще несчастных, просящих хлеба,
Никому не жаль, никому не жаль!

И над заливами голос черни
Пропал, развеялся в невском сне.
И дикие вопли: «Свергни! О, свергни!»
Не будят жалости в сонной волне...

И в небе сером холодные светы
Одели Зимний дворец царя,
И латник в черном[1] не даст ответа,
Пока не застигнет его заря.

---

[1] Статуя на кровле Зимнего дворца. *(Прим. А. А. Блока.)*

Тогда, алея над водной бездной,
Пусть он угрюмей опустит меч,
Чтоб с дикой чернью в борьбе бесполезной
За древнюю сказку мертвым лечь...

18 октября 1905

* * *

Ты проходишь без улыбки,
Опустившая ресницы,
И во мраке над собором
Золотятся купола.

Как лицо твое похоже
На вечерних богородиц,
Опускающих ресницы,
Пропадающих во мгле...

Но с тобой идет кудрявый
Кроткий мальчик в белой шапке,
Ты ведешь его за ручку,
Не даешь ему упасть.

Я стою в тени портала,
Там, где дует резкий ветер,
Застилающий слезами
Напряженные глаза.

Я хочу внезапно выйти
И воскликнуть: «Богоматерь!
Для чего в мой черный город
Ты Младенца привела?»

Но язык бессилен крикнуть.
Ты проходишь. За тобою

Над священными следами
Почивает синий мрак.

И смотрю я, вспоминая,
Как опущены ресницы,
Как твой мальчик в белой шапке
Улыбнулся на тебя.

29 октября 1905

ПЕРСТЕНЬ-СТРАДАНЬЕ

Шел я по улице, горем убитый.
Юность моя, как печальная ночь,
Бледным лучом упадала на плиты,
Гасла, плелась и шарахалась прочь.

Горькие думы — лохмотья печалей —
Нагло просили на чай, на ночлег,
И пропадали средь уличных далей,
За вереницей зловонных телег.

Господи Боже! Уж утро клубится,
Где, да и как этот день проживу?..
Узкие окна. За ними — девица.
Тонкие пальцы легли на канву.

Локоны пали на нежные ткани —
Верно, работала ночь напролет...
Щеки бледны от бессонных мечтаний,
И замирающий голос поет:

«Что́ я сумела, когда полюбила?
Бросила мать и ушла от отца...

Вот я с тобою, мой милый, мой милый...
Перстень-Страданье нам свяжет сердца.

Что́ я могу? Своей алой кровью
Нежность мою для тебя украшать...
Верностью женской, вечной любовью
Перстень-Страданье тебе сковать».

30 октября 1905

СЫТЫЕ

Они давно меня томили:
В разгаре девственной мечты
Они скучали, и не жили,
И мяли белые цветы.

И вот — в столовых и гостиных,
Над грудой рюмок, дам, старух,
Над скукой их обедов чинных —
Свет электрический потух.

К чему-то вносят, ставят свечи,
На лицах — желтые круги,
Шипят пергаментные речи,
С трудом шевелятся мозги.

Так — негодует всё, что сыто,
Тоскует сытость важных чрев:
Ведь опрокинуто корыто,
Встревожен их прогнивший хлев!

Теперь им выпал скудный жребий:
Их дом стоит неосвещен,

И жгут им слух мольбы о хлебе
И красный смех чужих знамен!

Пусть доживут свой век привычно —
Нам жаль их сытость разрушать.
Лишь чистым детям — неприлично
Их старой скуке подражать.

10 ноября 1905

* * *

Твое лицо бледней, чем было
В тот день, когда я подал знак,
Когда, замедлив, торопила
Ты легкий, предвечерний шаг.

Вот я стою, всему покорный,
У немерцающей стены.
Что́ сердце? Свиток чудотворный.
Где страсть и горе сочтены!

Поверь, мы оба небо знали:
Звездой кровавой ты текла,
Я измерял твой путь в печали,
Когда ты падать начала.

Мы знали знаньем несказа́нным
Одну и ту же высоту
И вместе пали за туманом,
Чертя уклонную черту.

Но я нашел тебя и встретил
В неосвещенных воротах,

И этот взор — не меньше светел,
Чем был в туманных высотах!

Комета! Я прочел в светилах
Всю повесть раннюю твою,
И лживый блеск созвездий милых
Под черным шелком узнаю!

Ты путь свершаешь предо мною,
Уходишь в тени, как тогда,
И то же небо за тобою,
И шлейф влачишь, как та звезда!

Не медли, в темных те́нях кроясь,
Не бойся вспомнить и взглянуть.
Серебряный твой узкий пояс —
Сужденный магу млечный путь.

Март 1906

НЕЗНАКОМКА

По вечерам над ресторанами
Горячий воздух дик и глух,
И правит окриками пьяными
Весенний и тлетворный дух.

Вдали, над пылью переулочной,
Над скукой загородных дач,
Чуть золотится крендель булочной,
И раздается детский плач.

И каждый вечер, за шлагбаумами,
Заламывая котелки,
Среди канав гуляют с дамами
Испытанные остряки.

Над озером скрипят уключины,
И раздается женский визг,
А в небе, ко всему приученный,
Бессмысленно кривится диск.

И каждый вечер друг единственный
В моем стакане отражен
И влагой терпкой и таинственной,
Как я смирён и оглушен.

А рядом у соседних столиков
Лакеи сонные торчат,
И пьяницы с глазами кроликов
«In vino veritas!»[1] кричат.

И каждый вечер, в час назначенный
(Иль это только снится мне?),
Девичий стан, шелками схваченный,
В туманном движется окне.

И медленно, пройдя меж пьяными,
Всегда без спутников, одна,
Дыша духами и туманами,
Она садится у окна.

И веют древними поверьями
Ее упругие шелка,
И шляпа с траурными перьями,
И в кольцах узкая рука.

И странной близостью закованный,
Смотрю за темную вуаль,
И вижу берег очарованный
И очарованную даль.

---

[1] «Истина в вине!» *(лат.)*

Глухие тайны мне поручены,
Мне чье-то солнце вручено,
И все души моей излучины
Пронзило терпкое вино.

И перья страуса склоненные
В моем качаются мозгу,
И очи синие бездонные
Цветут на дальнем берегу.

В моей душе лежит сокровище,
И ключ поручен только мне!
Ты право, пьяное чудовище!
Я знаю: истина в вине.

24 апреля 1906
Озерки

* * *

Передвечернею порою
Сходил я в сумерки с горы,
И вот передо мной — за мглою —
Черты печальные сестры.

Она идет неслышным шагом.
За нею шевели́тся мгла,
И по долинам, по оврагам
Вздыхают груди без числа.

«Сестра, откуда в дождь и холод
Идешь с печальною толпой,
Кого бичами выгнал голод
В могилы жизни кочевой?»

Вот подошла, остановилась
И факел подняла во мгле,
И тихим светом озарилось
Всё, что незримо на земле.

И там, в канавах придорожных,
Я, содрогаясь, разглядел
Черты мучений невозможных
И корчи ослабевших тел.

И вновь опущен факел душный,
И, улыбаясь мне, прошла —
Такой же дымной и воздушной,
Как окружающая мгла.

Но я запомнил эти лица
И тишину пустых орбит,
И обреченных вереница
Передо мной всегда стоит.

Сентябрь 1906

ХОЛОДНЫЙ ДЕНЬ

Мы встретились с тобою в храме
И жили в радостном саду,
Но вот зловонными дворами
Пошли к проклятью и труду.

Мы миновали все ворота
И в каждом видели окне,
Как тяжело лежит работа
На каждой согнутой спине.

И вот пошли туда, где будем
Мы жить под низким потолком,

Где прокляли друг друга люди,
Убитые своим трудом.

Стараясь не запачкать платья,
Ты шла меж спящих на полу;
Но самый сон их был проклятье,
Вон там — в заплеванном углу...

Ты обернулась, заглянула
Доверчиво в мои глаза...
И на щеке моей блеснула,
Скатилась пьяная слеза.

Нет! Счастье — праздная забота,
Ведь молодость давно прошла.
Нам скоротает век работа,
Мне — молоток, тебе — игла.

Сиди, да шей, смотри в окошко,
Людей повсюду гонит труд,
А те, кому трудней немножко,
Те песни длинные поют.

Я близ тебя работать стану,
Авось, ты не припомнишь мне,
Что я увидел дно стакана,
Топя отчаянье в вине.

Сентябрь 1906

В ОКТЯБРЕ

Открыл окно. Какая хмурая
    Столица в октябре!

Забитая лошадка бурая
    Гуляет на дворе.

Снежинка легкою пушинкою
    Порхает на ветру,
И елка слабенькой вершинкою
    Мотает на юру.

Жилось легко, жилось и молодо —
    Прошла моя пора.
Вон — мальчик, посинев от холода,
    Дрожит среди двора.

Всё, всё по-старому, бывалому,
    И будет как всегда:
Лошадке и мальчишке малому
    Не сладки холода.

Да и меня без всяких поводов
    Загнали на чердак.
Никто моих не слушал доводов,
    И вышел мой табак.

А всё хочу свободной волею
    Свободного житья,
Хоть нет звезды счастливой более
    С тех пор, как за́пил я!

Давно звезда в стакан мой канула, —
    Ужели навсегда?..
И вот душа опять воспрянула:
    Со мной моя звезда!

Вот, вот — в глазах плывет манящая,
    Качается в окне...

И жизнь начнется настоящая,
    И крылья будут мне!

И даже всё мое имущество
    С собою захвачу!
Познал, познал свое могущество!..
    Вот вскрикнул... и лечу!

Лечу, лечу к мальчишке малому,
    Средь вихря и огня...
Всё, всё по-старому, бывалому,
    Да только — без меня!

Октябрь 1906

ОКНА ВО ДВОР

Одна мне осталась надежда:
Смотреться в колодезь двора.
Светает. Белеет одежда
В рассеянном свете утра.

Я слышу — старинные речи
Проснулись глубоко на дне.
Вон теплятся желтые свечи,
Забытые в чьем-то окне.

Голодная кошка прижалась
У жолоба утренних крыш.
Заплакать — одно мне осталось,
И слушать, как мирно ты спишь.

Ты спишь, а на улице тихо,
И я умираю с тоски,
И злое, голодное Лихо
Упорно стучится в виски...

Эй, малый, взгляни мне в оконце!..
Да нет, не заглянешь — пройдешь...
Совсем я на зимнее солнце,
На глупое солнце похож.

Октябрь 1906

* * *

Хожу, брожу понурый,
Один в своей норе.
Придет шарманщик хмурый,
Заплачет на дворе...

О той свободной доле,
Что мне не суждена,
О том, что ветер в поле,
А на дворе — весна.

А мне — какое дело?
Брожу один, забыт.
И свечка догорела,
И маятник стучит.

Одна, одна надежда
Вон там, в ее окне.
Светла ее одежда,
Она придет ко мне.

А я, нахмурив брови,
Ей в сотый передам,
Как много портил крови
Знакомым и друзьям.

Опять нам будет сладко,
И тихо, и тепло...

В углу горит лампадка,
На сердце отлегло...

Зачем она приходит
Со мною говорить?
Зачем в иглу проводит
Веселенькую нить?

Зачем она роняет
Веселые слова?
Зачем лицо склоняет
И прячет в кружева?

Как холодно и тесно,
Когда ее здесь нет!
Как долго неизвестно,
Блеснет ли в окнах свет...

Лицо мое белее,
Чем белая стена...
Опять, опять сробею,
Когда придет она...

Ведь нечего бояться
И нечего терять...
Но надо ли сказаться?
Но можно ли сказать?

И чтó ей молвить — нежной?
Что сердце расцвело?
Что ветер веет снежный?
Что в комнате светло?

7 декабря 1906

НА ЧЕРДАКЕ

Что́ на свете выше
Светлых чердаков?
Вижу трубы, крыши
Дальних кабаков.

Путь туда заказан,
И на что — теперь?
Вот — я с ней лишь связан...
Вот — закрыта дверь...

А она не слышит —
Слышит — не глядит,
Тихая — не дышит,
Белая — молчит...

Уж не просит кушать...
Ветер свищет в щель,
Как мне любо слушать
Вьюжную свирель!

Ветер, снежный север,
Давний друг ты мне!
Подари ты веер
Молодой жене!

Подари ей платье
Белое, как ты!
Нанеси в кровать ей
Снежные цветы!

Ты дарил мне горе,
Тучи, да снега...
Подари ей зори,
Бусы, жемчуга!

Чтоб была нарядна
И, как снег, бела!
Чтоб глядел я жадно
Из того угла!..

Слаще пой ты, вьюга,
В снежную трубу,
Чтоб спала подруга
В ледяном гробу!

Чтоб она не встала,
Не скрипи, доска...
Чтоб не испугала
Милого дружка!

Декабрь 1906

КЛЕОПАТРА

Открыт паноптикум печальный
Один, другой и третий год.
Толпою пьяной и нахальной
Спешим... В гробу царица ждет.

Она лежит в гробу стеклянном,
И не мертва и не жива,
А люди шепчут неустанно
О ней бесстыдные слова.

Она раскинулась лениво —
Навек забыть, навек уснуть...
Змея легко, неторопливо
Ей жалит восковую грудь...

Я сам, позорный и продажный,
С кругами синими у глаз,

Пришел взглянуть на профиль важный,
На воск, открытый напоказ...

Тебя рассматривает каждый,
Но если б гроб твой не был пуст,
Я услыхал бы не однажды
Надменный вздох истлевших уст:

«Кадите мне. Цветы рассыпьте.
Я в незапамятных веках
Была царицею в Египте.
Теперь — я воск. Я тлен. Я прах».

«Царица! Я пленен тобою!
Я был в Египте лишь рабом,
А ныне суждено судьбою
Мне быть поэтом и царем!

Ты видишь ли теперь из гроба,
Что Русь, как Рим, пьяна тобой?
Что я и Цезарь — будем оба
В веках равны перед судьбой?»

Замолк. Смотрю. Она не слышит.
Но грудь колышется едва
И за прозрачной тканью дышит...
И слышу тихие слова:

«Тогда я исторгала грозы.
Теперь исторгну жгучей всех
У пьяного поэта — слезы,
У пьяной проститутки — смех».

16 декабря 1907

СНЕЖНАЯ МАСКА
(1907)

Посвящается Н. Н. В.

СНЕГА

СНЕЖНОЕ ВИНО

И вновь, сверкнув из чаши винной,
Ты поселила в сердце страх
Своей улыбкою невинной
В тяжелозмейных волосах.

Я опрокинут в темных струях
И вновь вдыхаю, не любя,
Забытый сон о поцелуях,
О снежных вьюгах вкруг тебя.

И ты смеешься дивным смехом,
Змеишься в чаше золотой,
И над твоим собольим мехом
Гуляет ветер голубой.

И как, глядясь в живые струи,
Не увидать себя в венце?
Твои не вспомнить поцелуи
На запрокинутом лице?

29 декабря 1906

СНЕЖНАЯ ВЯЗЬ

Снежная мгла взвила́сь.
Легли сугробы кругом.

Да. Я с тобой незнаком.
Ты — стихов моих пленная вязь.

И, тайно сплетая вязь,
Нити снежные тку и плету.

Ты не первая мне предалась
На темном мосту.

Здесь — электрический свет.
Там — пустота морей,
И скована льдами злая вода.

Я не открою тебе дверей.
      Нет.
      Никогда.

И снежные брызги влача за собой,
Мы летим в миллионы бездн...
Ты смотришь всё той же пленной душой
В купол всё тот же — звездный...

И смотришь в печали,
И снег синей...

Темные дали,
И блистательный бег саней...

И когда со мной встречаются
Неизбежные глаза, —

Глуби снежные вскрываются,
Приближаются уста...

Вышина. Глубина. Снеговая тишь.
И ты молчишь.

И в душе твоей безнадежной
Та же легкая, пленная грусть.

О, стихи зимы среброснежной!
Я читаю вас наизусть.

3 января 1907

ПОСЛЕДНИЙ ПУТЬ

В снежной пене — предзакатная —
Ты встаешь за мной вдали,
Там, где в дали невозвратные
Повернули корабли.

Не видать ни мачт, ни паруса,
Что манил от снежных мест,
И на дальнем храме безрадостно
Догорел последний крест.

И на этот путь оснéженный
Если встанешь — не сойдешь.
И душою безнадежной
Безотзывное поймешь.

Ты услышишь с белой пристани
Отдаленные рога.
Ты поймешь растущий издали
Зов закованной в снега.

3 января 1907

ВТОРОЕ КРЕЩЕНЬЕ

Открыли дверь мою метели,
Застыла горница моя,
И в новой снеговой купели
Крещен вторым крещеньем я.

И, в новый мир вступая, знаю,
Что люди есть, и есть дела,
Что путь открыт наверно к раю
Всем, кто идет путями зла.

Я так устал от ласк подруги
На застывающей земле.
И драгоценный камень вьюги
Сверкает льдиной на челе.

И гордость нового крещенья
Мне сердце обратила в лед.
Ты мне сулишь еще мгновенья?
Пророчишь, что весна придет?

Но посмотри, как сердце радо!
Заграждена снегами твердь.
Весны не будет, и не надо:
Крещеньем третьим будет — Смерть.

3 января 1907

НАСТИГНУТЫЙ МЕТЕЛЬЮ

Вьюга пела.
И кололи снежные иглы.
И душа леденела.

Ты запрокинула голову в высь.
Ты сказала: «Глядись, глядись,

Пока не забудешь
Того, что любишь».

И указала на дальние города линии,
На поля снеговые и синие,
На бесцельный холод.

И снежных вихрей подъятый молот
Бросил нас в бездну, где искры неслись,
Где снежинки пугливо вились...

Какие-то искры,
Каких-то снежинок неверный полет...
Как быстро — так быстро
Ты надо мной
Опрокинула свод
Голубой...

Метель взвила́сь,
Звезда сорвалась,
За ней другая...
И звезда за звездой
      Понеслась,
        Открывая
Вихрям звездным
Новые бездны.

В небе вспыхнули темные очи
Так ясно!
И я позабыл приметы
Страны прекрасной —
В блеске твоем, комета!
В блеске твоем, среброснежная ночь!

И неслись опустошающие
Непомерные года,

Словно сердце застывающее
Закатилось навсегда.

Но бредет за дальним полюсом
Солнце сердца моего,
Льдяным скованное поясом
Безначалья твоего.

Так взойди ж в морозном инее,
Непомерный свет — заря!
Подними над далью синей
Жезл померкшего царя!

3 января 1907

ЕЕ ПЕСНИ

Не в земной темнице душной
  Я гублю.
Душу вверь ладье воздушной —
  Кораблю.
Ты пойми душой послушной,
  Что люблю.

Взор твой ясный к выси звездной
  Обрати.
И в руке твой меч железный
  Опусти.
Сердце с дрожью бесполезной
  Укроти.
Вихри снежные над бездной
  Закрути.

Рукавом моих метелей
  Задушу.

Серебром моих веселий
        Оглушу.
На воздушной карусели
        Закружу.
Пряжей спутанной кудели
        Обовью.
Легкой брагой снежных хмелей
        Напою.

4 января 1907

КРЫЛЬЯ

Крылья легкие раскину,
Стены воздуха раздвину,
Страны дольние покину.

Вейтесь, искристые нити,
Льдинки звездные, плывите,
Вьюги дольние, вздохните!

В сердце — легкие тревоги,
В небе — звездные дороги,
Среброснежные чертоги.

Сны метели светлозмейной,
Песни вьюги легковейной,
Очи девы чародейной.

И какие-то печали
        Издали́,
И туманные скрижали
        От земли.
И покинутые в дали
        Корабли.

И какие-то за мысом
        Паруса.
И какие-то над морем
        Голоса.

И расплеснут меж мирами,
Над забытыми пирами —
Кубок долгой страстной ночи,
Кубок темного вина.

4 января 1907

МАСКИ

ПОД МАСКАМИ

А под маской было звездно.
Улыбалась чья-то повесть,
Короталась тихо ночь.

И задумчивая совесть,
Тихо плавая над бездной,
Уводила время прочь.

И в руках, когда-то строгих,
Был бокал стеклянных влаг.
Ночь сходила на чертоги,
Замедляя шаг.

И позвякивали миги,
И звенела влага в сердце,
И дразнил зеленый зайчик
В догоревшем хрустале.

А в шкапу дремали книги.
Там — к резной старинной дверце

Прилепился голый мальчик
На одном крыле.

9 января 1907

СКВОЗЬ ВИННЫЙ ХРУСТАЛЬ

В длинной сказке
        Тайно кроясь,
Бьет условный час.

В темной маске
        Прорезь
Ярких глаз.

Нет печальней покрывала,
        Тоньше стана нет...

— Вы любезней, чем я знала,
        Господин поэт!

— Вы не знаете по-русски,
        Госпожа моя...

На плече за тканью тусклой,
На конце ботинки узкой
        Дремлет тихая змея.

9 января 1907

В УГЛУ ДИВАНА

Но в камине дозвенели
        Угольки.

За окошком догорели
    Огоньки.

И на вьюжном море тонут
    Корабли.

И над южным морем стонут
    Журавли.

Верь мне, в этом мире солнца
    Больше нет.

Верь лишь мне, ночное сердце,
    Я — поэт!

Я какие хочешь сказки
    Расскажу,

И какие хочешь маски
    Приведу.

И пройдут любые тени
    При огне,

Странных очерки видений
    На стене.

И любой колени склонит
    Пред тобой...

И любой цветок уронит
    Голубой...

9 января 1907

ОНИ ЧИТАЮТ СТИХИ

Смотри: я спутал все страницы,
Пока глаза твои цвели.
Большие крылья снежной птицы
Мой ум метелью замели.

Как странны были речи маски!
Понятны ли тебе? — Бог весть!
Ты твердо знаешь: в книгах — сказки,
А в жизни — только проза есть.

Но для меня неразделимы
С тобою — ночь и мгла реки,
И застывающие дымы,
И рифм веселых огоньки.

Не будь и ты со мною строгой,
И маской не дразни меня.
И в темной памяти не трогай
Иного — страшного — огня.

10 января 1907

НЕИЗБЕЖНОЕ

Тихо вывела из комнат,
    Затворила дверь.

Тихо. Сладко. Он не вспомнит,
Не запомнит, чтó теперь.

Вьюга память похоронит,
Навсегда затворит дверь.

Сладко в очи поглядела
    Взором как стрела.

Слушай, ветер звезды гонит,
Слушай, пасмурные кони
Топчут звездные пределы
    И кусают удила...

И под маской — так спокойно
    Расцвели глаза.

Неизбежно и спокойно
Взор упал в ее глаза.
13 января 1907

СМЯТЕНИЕ

Мы ли — пляшущие тени?
Или мы бросаем тень?
Снов, обманов и видений
Догоревший полон день.

Не пойму я, что нас манит,
Не поймешь ты, что со мной,
Чей под маской взор туманит
Сумрак вьюги снеговой?

И твои мне светят очи
Наяву или во сне?
Даже в полдне, даже в дне
Разметались космы ночи...

И твоя ли неизбежность
Совлекла меня с пути?
И моя ли страсть и нежность
Хочет вьюгой изойти?

Маска, дай мне чутко слушать
Сердце темное твое,
Возврати мне, маска, душу,
Горе светлое мое!

13 января 1907

ОБРЕЧЕННЫЙ

Тайно сердце просит гибели.
Сердце легкое, скользи...
Вот меня из жизни вывели
Снежным серебром стези...

Как над тою дальней прорубью
Тихий пар струит вода,
Так своею тихой поступью
Ты свела меня сюда.

Завела, сковала взорами
И рукою обняла,
И холодными призорами
Белой смерти предала...

И в какой иной обители
Мне влачиться суждено,
Если сердце хочет гибели,
Тайно просится на дно?

12 января 1907

СЕРДЦЕ ПРЕДАНО МЕТЕЛИ

Сверкни, последняя игла,
В снегах!

Встань, огнедышащая мгла!
Взмети твой снежный прах!

Убей меня, как я убил
Когда-то близких мне!

Я всех забыл, кого любил,
Я сердце вьюгой закрутил,
Я бросил сердце с белых гор,
          Оно лежит на дне!

Я сам иду на твой костер!
        Сжигай меня!

    Пронзай меня,
    Крылатый взор,
Иглою снежного огня!

13 января 1907

НА СНЕЖНОМ КОСТРЕ

И взвился костер высокий
Над распятым на кресте.
Равнодушны, снежнооки,
Ходят ночи в высоте.

Молодые ходят ночи,
Сестры — пряхи снежных зим,
И глядят, открывши очи,
Завивают белый дым.

И крылатыми очами
Нежно смотрит высота.
Вейся, легкий, вейся, пламень,
Увивайся вкруг креста!

В снежной маске, рыцарь милый,
В снежной маске ты гори!
Я ль не пела, не любила,
Поцелуев не дарила
От зари и до зари?

Будь и ты моей любовью,
Милый рыцарь, я стройна,
Милый рыцарь, снежной кровью
Я была тебе верна.

Я была верна три ночи,
Завивалась и звала,
Я дала глядеть мне в очи,
Крылья легкие дала...

Так гори, и яр и светел,
Я же — легкою рукой
Размету твой легкий пепел
По равнине снеговой.

13 января 1907

ФАИНА
(1906—1908)

* * *

Вот явилась. Заслонила
Всех нарядных, всех подруг,
И душа моя вступила
В предназначенный ей круг.

И под знойным снежным стоном
Расцвели черты твои.
Только тройка мчит со звоном
В снежно-белом забытьи.

Ты взмахнула бубенцами,
Увлекла меня в поля...
Душишь черными шелками,
Распахнула соболя...

И о той ли вольной воле
Ветер плачет вдоль реки,
И звенят, и гаснут в поле
Бубенцы, да огоньки?

Золотой твой пояс стянут,
Нагло скромен дикий взор!
Пусть мгновенья все обманут,
Канут в пламенный костер!

Так пускай же ветер будет
Петь обманы, петь шелка!
Пусть навек не знают люди,
Как узка твоя рука!

Как за темною вуалью
Мне на миг открылась даль...
Как над белой, снежной далью
Пала темная вуаль...

Декабрь 1906

* * *

Я был смущенный и веселый.
Меня дразнил твой темный шелк.
Когда твой занавес тяжелый
Раздвинулся — театр умолк.

Живым огнем разъединило
Нас рампы светлое кольцо,
И музыка преобразила
И обожгла твое лицо.

И вот — опять сияют свечи,
Душа одна, душа слепа...
Твои блистательные плечи,
Тобою пьяная толпа...

Звезда, ушедшая от мира,
Ты над равниной — вдалеке...
Дрожит серебряная лира
В твоей протянутой руке...

Декабрь 1906

* * *

Ушла. Но гиацинты ждали,
И день не разбудил окна,
И в легких складках женской шали
Цвела ночная тишина.

В косых лучах вечерней пыли,
Я знаю, ты придешь опять
Благоуханьем нильских лилий
Меня пленять и опьянять.

Мне слабость этих рук знакома,
И эта шепчущая речь,
И стройной талии истома,
И матовость покатых плеч.

Но в имени твоем — безмерность,
И рыжий сумрак глаз твоих
Таит змеиную неверность
И ночь преданий грозовых.

И, миру дольнему подвластна,
Меж всех — не знаешь ты одна,
Каким раденьям ты причастна,
Какою верой крещена.

Войди, своей не зная воли,
И, добрая, в глаза взгляни,
И темным взором острой боли
Живое сердце полосни.

Вползи ко мне змеей ползучей,
В глухую полночь оглуши,

Устами томными замучай,
Косою черной задуши.

31 марта 1907

* * *

Моей матери

Я насадил мой светлый рай
И оградил высоким тыном,
И в синий воздух, в дивный край
Приходит мать за милым сыном.

«Сын, милый, где ты?» — Тишина.
Над частым тыном солнце зреет,
И медленно и верно греет
Долину райского вина.

И бережно обходит мать
Мои сады, мои заветы,
И снова кличет: «Сын мой! Где ты?»,
Цветов стараясь не измять...

Всё тихо. Знает ли она,
Что сердце зреет за оградой?
Что прежней радости не надо
Вкусившим райского вина?

Апрель 1907

ОСЕННЯЯ ЛЮБОВЬ

1

Когда в листве сырой и ржавой
Рябины заалеет гроздь, —

Когда палач рукой костлявой
Вобьёт в ладонь последний гвоздь, —

Когда над рябью рек свинцовой,
В сырой и серой высоте,
Пред ликом родины суровой
Я закачаюсь на кресте, —

Тогда — просторно и далеко
Смотрю сквозь кровь предсмертных слез,
И вижу: по реке широкой
Ко мне плывет в челне Христос.

В глазах — такие же надежды,
И то же рубище на нем.
И жалко смотрит из одежды
Ладонь, пробитая гвоздем.

Христос! Родной простор печален!
Изнемогаю на кресте!
И челн твой — будет ли причален
К моей распятой высоте?

2

И вот уже ветром разбиты, убиты
Кусты облетелой ракиты.

И прахом дорожным
Угрюмая старость легла на ланитах.

Но в темных орбитах
Взглянули, сверкнули глаза невозможным...

И радость, и слава —
Всё в этом сияньи бездонном,
И дальном.

Но смятые травы
Печальны,
И листья крутятся в лесу обнаженном...

И снится, и снится, и снится:
Бывалое солнце!
Тебя мне всё жальче и жальче...

О, глупое сердце,
Смеющийся мальчик,
Когда перестанешь ты биться?

3

Под ветром холодные плечи
Твои обнимать так отрадно:
Ты думаешь — нежная ласка,
Я знаю — восторг мятежа!

И теплятся очи, как свечи
Ночные, и слушаю жадно —
Шевелится страшная сказка,
И звездная дышит межа...

О, в этот сияющий вечер
Ты будешь всё так же прекрасна,
И, верная темному раю,
Ты будешь мне светлой звездой!

Я знаю, что холоден ветер,
Я верю, что осень бесстрастна!
Но в темном плаще не узнают,
Что ты пировала со мной!..

И мчимся в осенние дали,
И слушаем дальние трубы,

И мерим ночные дороги,
Холодные выси мои...

Часы торжества миновали —
Мои опьяненные губы
Целуют в предсмертной тревоге
Холодные губы твои.

3 октября 1907

* * *

В те ночи, светлые, пустые,
Когда в Неву глядят мосты,
Они встречались как чужие,
Забыв, что есть простое *ты*.

И каждый был красив и молод,
Но, окрыляясь пустотой,
Она таила странный холод
Под одичалой красотой.

И, сердцем вечно строгим меря,
Он не умел, не мог любить.
Она любила только зверя
В нем раздразнить — и укротить.

И чуждый — чуждой жал он руки,
И север сам, спеша помочь
Красивой нежности и скуке,
В день превращал живую ночь.

Так в светлоте ночной пустыни,
В объятья ночи не спеша,
Гляделась в купол бледно-синий
Их обреченная душа.

10 октября 1907

СНЕЖНАЯ ДЕВА

Она пришла из дикой дали —
Ночная дочь иных времен.
Ее родные не встречали,
Не просиял ей небосклон.

Но сфинкса с выщербленным ликом
Над исполинскою Невой
Она встречала легким вскриком
Под бурей ночи снеговой.

Бывало, вьюга ей осыпет
Звездами плечи, грудь и стан, —
Всё снится ей родной Египет
Сквозь тусклый северный туман.

И город мой железно-серый,
Где ветер, дождь, и зыбь, и мгла,
С какой-то непонятной верой
Она, как царство, приняла.

Ей стали нравиться громады,
Уснувшие в ночной глуши,
И в окнах тихие лампады
Слились с мечтой ее души.

Она узнала зыбь и дымы,
Огни, и мраки, и дома —
Весь город мой непостижимый —
Непостижимая сама.

Она дарит мне перстень вьюги
За то, что плащ мой полон звезд,
За то, что я в стальной кольчуге,
И на кольчуге — строгий крест.

Она глядит мне прямо в очи,
Хваля неробкого врага.
С полей ее холодной ночи
В мой дух врываются снега.

Но сердце Снежной Девы немо
И никогда не примет меч,
Чтобы ремень стального шлема
Рукою страстною рассечь.

И я, как вождь враждебной рати,
Всегда закованный в броню,
Мечту торжественных объятий
В священном трепете храню.

17 октября 1907

ЗАКЛЯТИЕ ОГНЕМ И МРАКОМ

> За всё, за всё тебя благодарю я:
> За тайные мучения страстей,
> За горечь слез, отраву поцелуя,
> За месть врагов и клевету друзей;
> За жар души, растраченной в пустыне.
>
> *Лермонтов*

1

О, весна без конца и без краю —
Без конца и без краю мечта!
Узнаю тебя, жизнь! Принимаю!
И приветствую звоном щита!

Принимаю тебя, неудача,
И удача, тебе мой привет!
В заколдованной области плача,
В тайне смеха — позорного нет!

Принимаю бессонные споры,
Утро в завесах темных окна,
Чтоб мои воспаленные взоры
Раздражала, пьянила весна!

Принимаю пустынные веси!
И колодцы земных городов!
Осветленный простор поднебесий
И томления рабьих трудов!

И встречаю тебя у порога —
С буйным ветром в змеиных кудрях,
С неразгаданным именем Бога
На холодных и сжатых губах...

Перед этой враждующей встречей
Никогда я не брошу щита...
Никогда не откроешь ты плечи...
Но над нами — хмельная мечта!

И смотрю, и вражду измеряю,
Ненавидя, кляня и любя:
За мученья, за гибель — я знаю —
Всё равно: принимаю тебя!
24 октября 1907

2

Приявший мир, как звонкий дар,
Как злата горсть, я стал богат.
Смотрю: растет, шумит пожар —
    Глаза твои горят.

Как стало жутко и светло!
Весь город — яркий сноп огня.

Река — прозрачное стекло,
    И только — нет меня...

Я здесь, в углу. Я там, распят.
Я пригвожден к стене — смотри!
Горят глаза твои, горят,
    Как черных две зари!

Я буду здесь. Мы все сгорим:
Весь город мой, река, и я...
Крести крещеньем огневым,
    О, милая моя!

26 октября 1907

3

Я неверную встретил у входа:
Уронила платок — и одна.
Никого. Только ночь и свобода.
Только жутко стоит тишина.

Говорил ей несвязные речи,
Открывал ей все тайны с людьми,
Никому не поведал о встрече,
Чтоб она прошептала: возьми...

Но она ускользающей птицей
Полетела в ненастье и мрак,
Где взвился огневой багряницей
Засыпающий праздничный флаг.

И у светлого дома, тревожно,
Я остался вдвоем с темнотой.
Невозможное было возможно,
Но возможное — было мечтой.

23 октября 1907

4

Перехожу от казни к казни
Широкой полосой огня.
Ты только невозможным дразнишь,
Немыслимым томишь меня...

И я, как темный раб, не смею
В огне и мраке потонуть.
Я только робкой тенью вею,
Не смея в небо заглянуть...

Как ветер, ты целуешь жадно,
Как осень, шлейфом шелестя,
Храня в темнице безотрадной
Меня, как бедное дитя...

Рабом безумным и покорным
До времени таюсь и жду
Под этим взором, слишком черным,
В моем пылающем бреду...

Лишь утром смею покидать я
Твое высокое крыльцо,
А ночью тонет в складках платья
Мое безумное лицо...

Лишь утром во́ронам бросаю
Свой хмель, свой сон, свою мечту...
А ночью снова — знаю, знаю
Твою земную красоту!

Что́ быть бесстрастным? Что́ — крылатым?
Сто раз бичуй и укори,
Чтоб только быть на миг проклятым
С тобой — в огне ночной зари!

Октябрь 1907

5

Пойми же, я спутал, я спутал
Страницы и строки стихов,
Плащом твои плечи окутал,
Остался с тобою без слов...

Пойми, в этом сумраке — магом
Стою над тобою и жду
Под бьющимся праздничным флагом,
На страже, под ветром, в бреду...

И ветер поет и пророчит
Мне в будущем — сон голубой...
Он хочет смеяться, он хочет,
Чтоб ты веселилась со мной!

И розы, осенние розы
Мне снятся на каждом шагу
Сквозь мглу, и огни, и морозы,
На белом, на легком снегу!

О будущем ветер не скажет,
Не скажет осенний цветок,
Что милая тихо развяжет
Свой шелковый, черный платок.

Что только звенящая снится
И душу палящая тень...
Что сердце — летящая птица...
Что в сердце — щемящая лень...

21 октября 1907

6

В бесконечной дали́ коридоров
Не она ли там пляшет вдали?

Не меня ль этой музыкой споров
От нее в этот час отвели?

Ничего вы не скажете, люди,
Не поймете, что темен мой храм.
Трепетанья, вздыхания груди
Воспаленным открыты глазам.

Сердце — легкая птица забвений
В золотой пролетающий час:
То она, в опьяненьи кружений,
Пляской тризну справляет о вас.

Никого ей не надо из скромных,
Ей не ум и не глупость нужны,
И не любит, наверное, темных,
Прислоненных, как я, у стены...

Сердце, взвейся, как легкая птица,
Полети ты, любовь разбуди,
Истоми ты истомой ресницы,
К бледно-смуглым плечам припади!

Сердце бьется, как птица томится —
То вдали закружилась она —
В легком танце, летящая птица,
Никому, ничему не верна...
23 октября 1907

7

По улицам метель метет,
Свивается, шатается.
Мне кто-то руку подает
И кто-то улыбается.

Ведет — и вижу: глубина,
Гранитом темным сжатая.
Течет она, поет она,
Зовет она, проклятая.

Я подхожу и отхожу,
И замер в смутном трепете:
Вот только перейду межу —
И буду в струйном лепете.

И шепчет он — не отогнать
(И воля уничтожена):
«Пойми: уменьем умирать
Душа облагорожена.

Пойми, пойми, ты одинок,
Как сладки тайны холода...
Взгляни, взгляни в холодный ток,
Где всё навеки молодо...»

Бегу. Пусти, проклятый, прочь!
Не мучь ты, не испытывай!
Уйду я в поле, в снег и в ночь,
Забьюсь под куст ракитовый!

Там воля всех вольнее воль
Не приневолит вольного,
И болей всех больнее боль
Вернет с пути окольного!

26 октября 1907

8

О, что́ мне закатный румянец,
Что́ злые тревоги разлук?

Всё в мире — кружащийся танец
И встречи трепещущих рук!

Я бледные вижу ланиты,
Я поступь лебяжью ловлю,
Я слушаю говор открытый,
Я тонкое имя люблю!

И новые сны, залетая,
Тревожат в усталом пути...
А всё пелена снеговая
Не может меня занести...

Неситесь, кружитесь, томите,
Снежинки — холодная весть...
Души моей тонкие нити,
Порвитесь, развейтесь, сгорите...

Ты, холод, мой холод, мой зимний,
В душе моей — страстное есть...
Стань, сердце, вздыхающий схимник,
Умрите, умрите, вы, гимны...

Вновь летит, летит, летит,
Звенит, и снег крутит, крутит,
   Налетает вихрь
   Снежных искр...

Ты виденьем, в пляске нежной,
  Посреди подруг
Обошла равниной снежной
  Быстротечный
  Бесконечный круг...
Слышу говор твой открытый,
Вижу бледные ланиты,
  В ясный взор гляжу...

   Всё, что не скажу,
Передам одной улыбкой...
Счастье, счастье! С нами ночь!
Ты опять тропою зыбкой
   Улетаешь прочь...
  Заметая, запевая,
   Стан твой гибкий
Вихрем туча снеговая
  Обдала,
  Отняла...

И опять метель, метель
Вьет, поет, кружи́т...
Всё — виденья, всё — измены...
В снежном кубке, полном пены,
   Хмель
   Звенит...
Заверти, замчи,
Сердце, замолчи,
Замети девичий след —
   Смерти нет!
В темном поле
  Бродит свет!
Горькой доле —
  Много лет...

И вот опять, опять в возвратный
   Пустилась пляс...
Метель поет. Твой голос — внятный.
   Ты понеслась
   Опять по кругу,
   Земному другу
   Сверкнув на миг...

Какой это танец? Каким это светом
   Ты дразнишь и ма́нишь?

В кружении этом
Когда ты устанешь?
Чьи песни? И звуки?
Чего я боюсь?
Щемящие звуки
И — вольная Русь?..

И словно мечтанье, и словно круженье,
Земля убегает, вскрывается твердь,
И словно безумье, и словно мученье,
Забвенье и удаль, смятенье и смерть, —
    Ты мчишься! Ты мчишься!
    Ты бросила руки
    Вперед...
    И песня встает...
И странным сияньем сияют черты...
    Удáлая пляска!
О, песня! О, удаль! О, гибель! О, маска...
    Гармоника — ты?

1 ноября 1907

9

Гармоника, гармоника!
Эй, пой, визжи и жги!
Эй, желтенькие лютики,
Весенние цветки!

Там с посвистом да с присвистом
Гуляют до зари,
Кусточки тихим шелестом
Кивают мне: смотри.

Смотрю я — руки вскинула,
В широкий пляс пошла,

Цветами всех осыпала
И в песне изошла...

Неверная, лукавая,
Коварная — пляши!
И будь навек отравою
Растраченной души!

С ума сойду, сойду с ума,
Безумствуя, люблю,
Что вся ты — ночь, и вся ты — тьма,
И вся ты — во хмелю...

Что душу отняла мою,
Отравой извела,
Что о тебе, тебе пою,
И песням нет числа!..
9 ноября 1907

10

Работай, работай, работай:
Ты будешь с уродским горбом
За долгой и честной работой,
За долгим и честным трудом.

Под праздник — другим будет сладко,
Другой твои песни споет,
С другими лихая солдатка
Пойдет, подбочась, в хоровод.

Ты знай про себя, что не хуже
Другого плясал бы — вон как!
Что мог бы стянуть и потуже
Свой золотом шитый кушак!

Что ростом и станом ты вышел
Статнее и краше других,
Что та молодица — повыше
Других молодиц удалых!

В ней сила играющей крови,
Хоть смуглые щеки бледны,
Тонки ее черные брови,
И строгие речи хмельны...

Ах, сладко, как сладко, так сладко
Работать, пока рассветет,
И знать, что лихая солдатка
Ушла за село, в хоровод!
26 октября 1907

11

И я опять затих у ног —
У ног давно и тайно милой,
Заносит вьюга на порог
Пожар метели белокрылой...

Но имя тонкое твое
Твердить мне дивно, больно, сладко...
И целовать твой шлейф украдкой,
Когда метель поет, поет...

В хмельной и злой своей темнице
Заночевало, сердце, ты,
И тихие твои ресницы
Смежили снежные цветы.

Как будто, на средине бега,
Я под метелью изнемог,

И предо мной возник из снега
Холодный, неживой цветок...

И с тайной грустью, с грустью нежной,
Как снег спадает с лепестка,
Живое имя Девы Снежной
Еще слетает с языка...

8 ноября 1907

ИНОК

Никто не скажет: я безумен.
Поклон мой низок, лик мой строг.
Не позовет меня игумен
В ночи на строгий свой порог.

Я грустным братьям — брат примерный,
И рясу черную несу,
Когда с утра походкой верной
Сметаю с бледных трав росу.

И, подходя ко всем иконам,
Как строгий и смиренный брат,
Творю поклон я за поклоном
И за обрядами обряд.

И кто поймет, и кто узнает,
Что ты сказала мне: молчи...
Что воск души блаженной тает
На яром пламени свечи...

Что никаких молитв не надо,
Когда ты ходишь по реке
За монастырскою оградой
В своем монашеском платке.

Что вот — меня цветистым хмелем
Безумно захлестнула ты,
И потерял я счет неделям
Моей преступной красоты.

6 ноября 1907

* * *

Всю жизнь ждала. Устала ждать.
И улыбнулась. И склонилась.
Волос распущенная прядь
На плечи темные спустилась.

Мир не велик и не богат —
И не глядеть бы взором черным!
Ведь только люди говорят,
Что надо ждать и быть покорным...

А здесь — какая-то свирель
Поет надрывно, жалко, тонко:
«Качай чужую колыбель,
Ласкай немилого ребенка...»

Я тоже — здесь. С моей судьбой,
Над лирой, гневной, как секира,
Такой приниженный и злой,
Торгуюсь на базарах мира...

Я верю мгле твоих волос
И твоему великолепью.
Мой сирый дух — твой верный пес,
У ног твоих грохочет цепью...

И вот опять, и вот опять,
Встречаясь с этим темным взглядом,

Хочу по имени назвать,
Дышать и жить с тобою рядом...

Мечта! Что́ жизни сон глухой?
Отрава — вслед иной отраве...
Я изменю тебе, как той,
Не изменяя, не лукавя...

Забавно жить! Забавно знать,
Что под луной ничто не ново!
Что мертвому дано рождать
Бушующее жизнью слово!

И никому заботы нет,
Что́ людям дам, что́ ты дала мне,
А люди — на могильном камне
Начертят прозвище: *Поэт*.

13 января 1908

* * *

Когда вы стоите на моем пути,
Такая живая, такая красивая,
Но такая измученная,
Говорите всё о печальном,
Думаете о смерти,
Никого не любите
И презираете свою красоту —
Что же? Разве я обижу вас?

О, нет! Ведь я не насильник,
Не обманщик и не гордец,
Хотя много знаю,
Слишком много думаю с детства

И слишком занят собой.
Ведь я — сочинитель,
Человек, называющий всё по имени,
Отнимающий аромат у живого цветка.

Сколько ни говорите о печальном,
Сколько ни размышляйте о концах
                            и началах,
Всё же, я смею думать,
Что вам только пятнадцать лет.
И потому я хотел бы,
Чтобы вы влюбились в простого человека,
Который любит землю и небо
Больше, чем рифмованные
    и нерифмованные
Речи о земле и о небе.

Право, я буду рад за вас,
Так как — только влюбленный
Имеет право на звание человека.

6 февраля 1908

* * *

Она пришла с мороза,
Раскрасневшаяся,
Наполнила комнату
Ароматом воздуха и духов,
Звонким голосом
И совсем неуважительной к занятиям
Болтовней.

Она немедленно уронила нá пол
Толстый том художественного журнала,

И сейчас же стало казаться,
Что в моей большой комнате
Очень мало места.

Всё это было немножко досадно
И довольно нелепо.
Впрочем, она захотела,
Чтобы я читал ей вслух «Макбета».

Едва дойдя до *пузырей земли*,
О которых я не могу говорить без волнения,
Я заметил, что она тоже волнуется
И внимательно смотрит в окно.

Оказалось, что большой пестрый кот
С трудом лепится по краю крыши,
Подстерегая целующихся голубей.

Я рассердился больше всего на то,
Что целовались не мы, а голуби,
И что прошли времена Па́оло и Франчески.

6 февраля 1908

* * *

Я помню длительные муки:
Ночь догорала за окном;
Ее заломленные руки
Чуть брезжили в луче дневном.

Вся жизнь, ненужно изжитая,
Пытала, унижала, жгла;
А там, как призрак возрастая,
День обозначил купола;

И под окошком участились
Прохожих быстрые шаги;
И в серых лужах расходились
Под каплями дождя круги;

И утро длилось, длилось, длилось...
И праздный тяготил вопрос;
И ничего не разрешилось
Весенним ливнем бурных слез.

4 марта 1908

* * *

Своими горькими слезами
Над нами плакала весна.
Огонь мерцал за камышами,
Дразня лихого скакуна...

Опять звала бесчеловечным,
Ты, отданная мне давно!..
Но ветром буйным, ветром встречным
Твое лицо опалено...

Опять — бессильно и напрасно —
Ты отстранялась от огня...
Но даже небо было страстно,
И небо было за меня!..

И стало всё равно, какие
Лобзать уста, ласкать плеча,
В какие улицы глухие
Гнать удалого лихача...

И всё равно, чей вздох, чей шепот, —
Быть может, здесь уже не ты...

Лишь скакуна неровный топот,
Как бы с далекой высоты...

Так — сведены с ума мгновеньем —
Мы отдавались вновь и вновь,
Гордясь своим уничтоженьем,
Твоим превратностям, любовь!

Теперь, когда мне звезды ближе,
Чем та неистовая ночь,
Когда еще безмерно ниже
Ты пала, униженья дочь.

Когда один с самим собою
Я проклинаю каждый день, —
Теперь проходит предо мною
Твоя *развенчанная тень*...

С благоволеньем? Иль с укором?
Иль ненавидя, мстя, скорбя?
Иль хочешь быть мне приговором? —
Не знаю: я забыл тебя.

20 ноября 1908

ВОЛЬНЫЕ МЫСЛИ
(1907)

(Посв. Г. Чулкову)

О СМЕРТИ

Всё чаще я по городу брожу.
Всё чаще вижу смерть — и улыбаюсь
Улыбкой рассудительной. Ну, что же?
Так я хочу. Так свойственно мне знать,
Что и ко мне придет она в свой час.

Я проходил вдоль скачек по шоссе.
День золотой дремал на грудах щебня,
А за глухим забором — ипподром
Под солнцем зеленел. Там стебли злаков
И одуванчики, раздутые весной,
В ласкающих лучах дремали. А вдали
Трибуна придавила плоской крышей
Толпу зевак и модниц. Маленькие флаги
Пестрели там и здесь. А на заборе
Прохожие сидели и глазели.

Я шел и слышал быстрый гон коней
По грунту легкому. И быстрый топот
Копыт. Потом — внезапный крик:
«Упал! Упал!» — кричали на заборе,
И я, вскочив на маленький пенёк,
Увидел всё зараз: вдали летели
Жокеи в пестром — к тонкому столбу.

Чуть-чуть отстав от них, скакала лошадь
Без седока, взметая стремена.
А за листвой кудрявеньких березок,
Так близко от меня — лежал жокей,
Весь в желтом, в зеленя́х весенних злаков,
Упавший навзничь, обратив лицо
В глубокое ласкающее небо.
Как будто век лежал, раскинув руки
И ногу подогнув. Так хорошо лежал.
К нему уже бежали люди. Издали́,
Поблескивая медленными спицами, ландо
Катилось мягко. Люди подбежали
И подняли его...

            И вот повисла
Беспомощная желтая нога
В обтянутой рейтузе. Завалилась
Им на́ плечи куда-то голова...
Ландо подъехало. К его подушкам
Так бережно и нежно приложили
Цыплячью желтизну жокея. Человек
Вскочил неловко на подножку, замер,
Поддерживая голову и ногу,
И важный кучер повернул назад.
И так же медленно вертелись спицы,
Поблескивали козла, оси, крылья...

Так хорошо и вольно умереть.
Всю жизнь скакал — с одной упорной мыслью,
Чтоб первым доскакать. И на скаку
Запнулась запыхавшаяся лошадь,
Уж силой ног не удержать седла,
И утлые взмахнулись стремена,
И полетел, отброшенный толчком...
Ударился затылком о родную,

Весеннюю, приветливую землю,
И в этот миг — в мозгу прошли все мысли,
Единственные нужные. Прошли —
И умерли. И умерли глаза.
И труп мечтательно глядит наверх.
Так хорошо и вольно.

Однажды брел по набережной я.
Рабочие возили с барок в тачках
Дрова, кирпич и уголь. И река
Была еще сине́й от белой пены.
В отстегнутые вороты рубах
Глядели загорелые тела,
И светлые глаза привольной Руси
Блестели строго с почерневших лиц.
И тут же дети голыми ногами
Месили груды желтого песку,
Таскали — то кирпичик, то полено,
То бревнышко. И прятались. А там
Уже сверкали грязные их пятки,
И матери — с отвислыми грудями
Под грязным платьем — ждали их, ругались
И, надавав затрещин, отбирали
Дрова, кирпичики, бревёшки. И тащили,
Согнувшись под тяжелой ношей, вдаль.
И снова, воротясь гурьбой веселой,
Ребятки начинали воровать:
Тот бревнышко, другой — кирпичик...

И вдруг раздался всплеск воды и крик:
«Упал! Упал!» — опять кричали с барки.
Рабочий, ручку тачки отпустив,
Показывал рукой куда-то в воду,
И пестрая толпа рубах неслась
Туда, где на траве, в камнях булыжных,

На самом берегу — лежала сотка.
Один тащил багор.

                А между свай,
Забитых возле набережной в воду,
Легко покачивался человек
В рубахе и в разорванных портках.
Один схватил его. Другой помог,
И длинное растянутое тело,
С которого ручьем лилась вода,
Втащили на́ берег и положили.
Городовой, гремя о камни шашкой,
Зачем-то щеку приложил к груди
Намокшей, и прилежно слушал,
Должно быть, сердце. Собрался́ народ,
И каждый вновь пришедший задавал
Одни и те же глупые вопросы:
Когда упал, да сколько пролежал
В воде, да сколько выпил?
Потом все стали тихо отходить,
И я пошел своим путем, и слушал,
Как истовый, но выпивший рабочий
Авторитетно говорил другим,
Что губит каждый день людей вино.

Пойду еще бродить. Покуда солнце,
Покуда жар, покуда голова
Тупа, и мысли вялы...

                Сердце!
Ты будь вожатаем моим. И смерть
С улыбкой наблюдай. Само устанешь,
Не вынесешь такой веселой жизни,
Какую я веду. Такой любви

И ненависти люди не выносят,
Какую я в себе ношу.

        Хочу,
Всегда хочу смотреть в глаза людские,
И пить вино, и женщин целовать,
И яростью желаний полнить вечер,
Когда жара мешает днем мечтать
И песни петь! И слушать в мире ветер!

НАД ОЗЕРОМ

С вечерним озером я разговор веду
Высоким ладом песни. В тонкой чаще
Высоких сосен, с выступов песчаных,
Из-за могил и склепов, где огни
Лампад и сумрак дымно-сизый —
Влюбленные ему я песни шлю.

Оно меня не видит — и не надо.
Как женщина усталая, оно
Раскинулось внизу и смотрит в небо,
Туманится, и даль поит туманом,
И отняло у неба весь закат.
Все исполняют прихоти его:
Та лодка узкая, ласкающая гладь,
И тонкоствольный строй сосновой рощи,
И семафор на дальнем берегу,
В нем отразивший свой огонь зеленый —
Как раз на самой розовой воде.
К нему ползет трехглазая змея
Своим единственным стальным путем,
И, прежде свиста, озера доносит
Ко мне — ее ползучий, хриплый шум.
Я на уступе. Надо мной — могила

Из темного гранита. Подо мной —
Белеющая в сумерках дорожка.
И кто посмотрит снизу на меня,
Тот испугается: такой я неподвижный,
В широкой шляпе, средь ночных могил,
Скрестивший руки, стройный и влюбленный в мир.

Но некому взглянуть. Внизу идут
Влюбленные друг в друга: нет им дела
До озера, которое внизу,
И до меня, который наверху.
Им нужны человеческие вздохи,
Мне нужны вздохи сосен и воды.
А озеру — красавице — ей нужно,
Чтоб я, никем не видимый, запел
Высокий гимн о том, как ясны зори,
Как стройны сосны, как вольна душа.

Прошли все пары. Сумерки синей,
Белей туман. И девичьего платья
Я вижу складки легкие внизу.
Задумчиво прошла она дорожку
И одиноко села на ступеньки
Могилы, не заметивши меня...
Я вижу легкий профиль. Пусть не знает,
Что знаю я, о чем пришла мечтать
Тоскующая девушка... Светлеют
Все окна дальних дач: там — самовары,
И синий дым сигар, и плоский смех...
Она пришла без спутников сюда...
Наверное, наверное прогонит
Затянутого в китель офицера
С вихляющимся задом и ногами,
Завернутыми в трубочки штанов!
Она глядит как будто за туманы,

За озеро, за сосны, за холмы,
Куда-то так далёко, так далёко,
Куда и я не в силах заглянуть...

О, нежная! О, тонкая! — И быстро
Ей мысленно приискиваю имя:
Будь Аделиной! Будь Марией! Теклой!
Да, Теклой!.. — И задумчиво глядит
В клубящийся туман... Ах, как прогонит!..
А офицер уж близко: белый китель,
Над ним усы и пуговица-нос,
И плоский блин, приплюснутый фуражкой...
Он подошел... он жмет ей руку!.. смотрят
Его гляделки в ясные глаза!..
Я даже выдвинулся из-за склепа...
И вдруг... протяжно чмокает ее,
Дает ей руку и ведет на дачу!

Я хохочу! Взбегаю вверх. Бросаю
В них шишками, песком, визжу, пляшу
Среди могил — незримый и высокий...
Кричу: «Эй, Фёкла! Фёкла!» — И они
Испуганы, сконфужены, не знают,
Откуда шишки, хохот и песок...
Он ускоряет шаг, не забывая
Вихлять проворно задом, и она,
Прижавшись крепко к кителю, почти
Бегом бежит за ним...

                    Эй, доброй ночи!
И, выбегая на крутой обрыв,
Я отражаюсь в озере... Мы видим
Друг друга: «Здравствуй!» — я кричу...
И голосом красавицы — леса
Прибрежные ответствуют мне: «Здравствуй!»

Кричу: «Прощай!» — они кричат: «Прощай!»
Лишь озеро молчит, влача туманы,
Но явственно на нем отражены
И я, и все союзники мои:
Ночь белая, и Бог, и твердь, и сосны...

И белая задумчивая ночь
Несет меня домой. И ветер свищет
В горячее лицо. Вагон летит...
И в комнате моей белеет утро.
Оно на всем: на книгах и столах,
И на постели, и на мягком кресле,
И на письме трагической актрисы:
«Я вся усталая. Я вся больная.
Цветы меня не радуют. Пишите...
Простите и сожгите этот бред...»

И томные слова... И длинный почерк,
Усталый, как ее усталый шлейф...
И томностью пылающие буквы,
Как яркий камень в черных волосах.

Шувалово

В СЕВЕРНОМ МОРЕ

Чтó сделали из берега морского
Гуляющие модницы и франты?
Наставили столов, дымят, жуют,
Пьют лимонад. Потом бредут по пляжу,
Угрюмо хохоча и заражая
Соленый воздух сплетнями. Потом
Погонщики вывозят их в кибитках,
Кокетливо закрытых парусиной,
На мелководье. Там, переменив

Забавные тальеры и мундиры
На легкие купальные костюмы,
И дряблость мускулов и грудей обнажив,
Они, визжа, влезают в воду. Шарят
Неловкими ногами дно. Кричат,
Стараясь показать, что веселятся.

А там — закат из неба сотворил
Глубокий многоцветный кубок. Руки
Одна заря закинула к другой,
И сестры двух небес прядут один —
То розовый, то голубой туман.
И в море утопающая туча
В предсмертном гневе мечет из очей
То красные, то синие огни.

И с длинного, протянутого в море,
Подгнившего, сереющего мола,
Прочтя все надписи: «Навек с тобой»,
«Здесь были Коля с Катей», «Диодор
Иеромонах и послушник Исидор
Здесь были. Дивны Божии дела», —
Прочтя все надписи, выходим в море
В пузатой и смешной моторной лодке.

Бензин пыхтит и пахнет. Два крыла
Бегут в воде за нами. Вьется быстрый след,
И, обогнув скучающих на пляже,
Рыбачьи лодки, узкий мыс, маяк,
Мы выбегаем многоцветной рябью
В просторную ласкающую соль.

На горизонте, за спиной, далёко
Безмолвным заревом стоит пожар.
Рыбачий Вольный остров распростерт

В воде, как плоская спина морского
Животного. А впереди, вдали —
Огни судов и сноп лучей бродячих
Прожектора таможенного судна.
И мы уходим в голубой туман.
Косым углом торчат над морем вехи,
Метелками фарватер оградив,
И далеко́ — от вехи и до вехи —
Рыбачьих шхун маячат паруса...

Над морем — штиль. Под всеми парусами
Стоит красавица — морская яхта.
На тонкой мачте — маленький фонарь,
Что камень драгоценный фероньеры,
Горит над матовым челом небес.

На острогрудой, в полной тишине,
В причудливых сплетениях снастей,
Сидят, скрестивши руки, люди в светлых
Панамах, сдвинутых на строгие черты.
А посреди, у самой мачты, молча,
Стоит матрос, весь темный, и глядит.

Мы огибаем яхту, как прилично,
И вежливо и тихо говорит
Один из нас: «Хотите на буксир?»
И с важной простотой нам отвечает
Суровый голос: «Нет. Благодарю».

И, снова обогнув их, мы глядим
С молитвенной и полною душою
На тихо уходящий силуэт
Красавицы под всеми парусами...
На драгоценный камень фероньеры,
Горящий в смуглых сумерках чела.

Сестрорецкий курорт

В ДЮНАХ

Я не люблю пустого словаря
Любовных слов и жалких выражений:
«Ты мой», «Твоя», «Люблю», «Навеки твой».
Я рабства не люблю. Свободным взором
Красивой женщине смотрю в глаза
И говорю: «Сегодня ночь. Но завтра —
Сияющий и новый день. Приди.
Бери меня, торжественная страсть.
А завтра я уйду — и запою».

Моя душа проста. Соленый ветер
Морей и смольный дух сосны
Ее питал. И в ней — всё те же знаки,
Что на моем обветренном лице.
И я прекрасен — нищей красотою
Зыбучих дюн и северных морей.

Так думал я, блуждая по границе
Финляндии, вникая в темный говор
Небритых и зеленоглазых финнов.
Стояла тишина. И у платформы
Готовый поезд разводил пары.
И русская таможенная стража
Лениво отдыхала на песчаном
Обрыве, где кончалось полотно.
Там открывалась новая страна —
И русский бесприютный храм глядел
В чужую, незнакомую страну.

Так думал я. И вот она пришла
И встала на откосе. Были рыжи
Ее глаза от солнца и песка.
И волосы, смолистые как сосны,

В отливах синих падали на плечи.
Пришла. Скрестила свой звериный взгляд
С моим звериным взглядом. Засмеялась
Высоким смехом. Бросила в меня
Пучок травы и золотую горсть
Песку. Потом — вскочила
И, прыгая, помчалась под откос...

Я гнал ее далёко. Исцарапал
Лицо о хвои, окровавил руки
И платье изорвал. Кричал и гнал
Ее, как зверя, вновь кричал и звал,
И страстный голос был как звуки рога.
Она же оставляла легкий след
В зыбучих дюнах, и пропала в соснах,
Когда их заплела ночная синь.

И я лежу, от бега задыхаясь,
Один, в песке. В пылающих глазах
Еще бежит она — и вся хохочет:
Хохочут волосы, хохочут ноги,
Хохочет платье, вздутое от бега...
Лежу и думаю: «Сегодня ночь
И завтра ночь. Я не уйду отсюда,
Пока не затравлю ее, как зверя,
И голосом, зовущим, как рога,
Не преграждy ей путь. И не скажу:
«Моя! Моя!» — И пусть она мне крикнет:
«Твоя! Твоя!»

Дюны
Июнь—июль 1907

Зинаида Гиппиус

МОЙ ЛУННЫЙ ДРУГ
О Блоке

....
И пусть над нашим смертным ложем
Взовьется с криком воронье...
Те, кто достойней, Боже, Боже,
Да внидут в царствие Твое!

Это не статья о поэзии Блока. Немало их у меня в свое время было. Это не статья и о Блоке самом. И уж во всяком случае это не суд над Блоком. И не оценка его. Я хочу рассказать о самом Блоке, дать легкие тени наших встреч с ним, — только.

Их очень было много за двадцать почти лет. Очень много. Наши отношения можно бы назвать дружбой... лунной дружбой. Кто-то сказал, впрочем (какой-то француз), что дружба — всегда лунная, и только любовь солнечная.

1

Осень на даче под Петербургом. Опушка леса, полянка над оврагом. Воздух яблочно-терпкий, небо ярко-лиловое около ярко-желтых, сверкающих кудрей тоненьких березок.

Я сижу над оврагом и читаю только что полученное московское письмо от Ольги Соловьевой.

Об этой замечательной женщине скажу вкратце два слова. Она была женой брата Владимира Соловьева — Михаила. Менее известный, нежели Владимир, — Михаил был, кажется, глубже, сосредоточеннее и, главное, как-то *тише* знаменитого брата. Ольга — порывистая, умная, цельная и необыкновенно талантливая. Ее картины никому не известны. Да она их, кажется, мало кому и показывала. Но каждый рисунок ее — было в нем что-то такое свое и новое, что он потом не забывался. Она написала только один рассказ (задолго до нашего знакомства). Напечатанный в «Северном вестнике», он опять был такой новый и особенный, что его долго все помнили.

Не знаю, как случилось, что между нами завязалась переписка. И длилась годы, а мы еще никогда друг друга не видели. Познакомились мы сравнительно незадолго до ее смерти, в Москве. Тогда же, когда в первый раз увиделись с Борей Бугаевым (впоследствии Андреем Белым). Семьи Бугаевых и Соловьевых жили тогда на Арбате, в одном и том же доме, в разных этажах.

Кажется, весной 1903 года Михаил Соловьев, очень слабый, заболел инфлуэнцей. Она осложнилась. Ольга не отходила от него до последней минуты. Закрыв ему глаза, она вышла в другую комнату и застрелилась.

Вместе их отпевали и хоронили. Ольга была очень религиозный человек и — язычница. Любовь ее была ее религией.

Остался сын Сергей, шестнадцатилетний. Впоследствии — недурной поэт, издавший несколько книг (немножко классик). Перед войной он сделался священником.

2

В тот яркий осенний день, с которого начинается мой рассказ, из письма Ольги Соловьевой выпало несколько отдельных листков. Стихи. Но прочтем сначала письмо.

В нем post scriptum: «...а вы ничего не знаете о новоявленном, вашем же, петербургском, поэте? Это юный студент, — нигде, конечно, не печатался. Но, может быть, вы с ним случайно знакомы? Его фамилия Блок. От его стихов Боря (Бугаев) в таком восторге, что буквально катается по полу. Я... право, не знаю, что сказать. Переписываю Вам несколько. Напишите, что Вы думаете».

Вошли ли эти первые робкие песни в какой-нибудь том Блока? Вероятно, нет. Они были так смутны, хотя уже и самое косноязычие их — было блоковское, которое не оставляло его и после, и давало ему своеобразную прелесть.

И тема, помню, была блоковская: первые видения Прекрасной Дамы.

3

Переезд в город, зима, дела, кажется, религиозно-философские собрания... Блок мне не встречался, хотя кто-то опять принес мне его стихи, другие, опять меня заинтересовавшие.

Ранней весной, — еще холодновато было, камин топился, значит, в начале или середине марта, — кто-то позвонил к нам. Иду в переднюю, отворяю дверь.

День светлый, но в передней темновато. Вижу только, что студент, незнакомый. Пятно светло-серой тужурки.

— Я пришел... нельзя ли мне записаться на билет... в пятницу, в Соляном Городке Мережковский читает лекцию...

— А как ваша фамилия?

— Блок...

— Вы — Блок? Так идите же ко мне, познакомимся. С билетом потом, это пустяки...

И вот Блок сидит в моей комнате, по другую сторону камина, прямо против высоких окон. За окнами, — они выходят на соборную площадь Спаса Преображения, — стоит зеленый, стеклянный свет предвесенний, уже немеркнущее небо.

Блок не кажется мне красивым. Над узким высоким лбом (все в лице и в нем самом — узкое и высокое, хотя он среднего роста) — густая шапка коричневых волос. Лицо прямое, неподвижное, такое спокойное, точно оно из дерева или из камня. Очень интересное лицо.

Движений мало, и голос под стать: он мне кажется тоже «узким», но он при этом низкий и такой глухой, как будто идет из глубоко-глубокого колодца. Каждое слово Блок произносит медленно и с усилием, точно отрываясь от какого-то раздумья.

Но странно. В этих медленных отрывочных словах, с усилием выжимаемых, в глухом голосе, в деревянности прямого лица, в спокойствии серых невнимательных глаз, — во всем облике этого студента — есть что-то милое. Да, милое, детское, — «не страшное». Ведь «по какому-то» (как сказал бы юный Боря Бугаев) всякий новый взрослый человек — страшный. В Блоке именно этой «страшности» не было ни на капельку, потому, должно быть, что, несмотря на неподвижность, серьезность, деревянность даже, — не было в нем «взрослости», той безнадежной ее стороны, которая и дает «страшность».

Ничего этого, конечно, тогда не думалось, а просто чувствовалось.

Не помню, о чем мы в первое это свидание говорили. Но говорили так, что уж ясно было: еще увидимся, непременно.

Кажется, к концу визита Блока пришел Мережковский.

4

В эти годы Блока я помню почти постоянно. На религиозно-философских собраниях он как будто не бывал, или случайно, может быть (там все бывали). Но он был с самого зарождения журнала «Новый путь». В этом журнале была впервые напечатана целая серия его стихов о Прекрасной Даме. Очень помогал он мне и в критической части журнала. Чуть не в каждую книжку давал какую-нибудь рецензию или статейку: о Вячеславе Иванове, о новом издании Вл. Соловьева... Стоило бы просмотреть старые журналы.

Но и до начала «Нового пути» мы уже были так дружны, что летом 1902 года, когда он уезжал в свое Шахматово (подмосковское именьице, где он потом жил подолгу и любовно устраивал дом, сам работая), — мы все время переписывались. Поздней же осенью он приехал к нам на несколько дней в Лугу.

Дача у нас была пустынная, дни стояли, после дождливого лета, ярко-хрустальные, очень холодные.

Мы бродим по перелеску, кругом желтое золото, алость сентябрьская, ручей журчит во мхах, и такой — даже на вид холодный, хоть и солнце в нем отражается. О чем-то говорим, — может быть, о журнале, может быть, о чем-то совсем другом... вряд ли о стихах.

Никакие мои разговоры с Блоком невозможно передать. Надо знать Блока, чтобы это стало понятно. Он, во-первых, всегда будучи с вами, еще был где-то, — я думаю, что лишь очень невнимательные люди могли этого не замечать. А во-вторых, — каждое из его медленных, скупых слов казалось таким тяжелым, так оно было чем-то перегружено, что слово легкое, или даже много легких слов, не годились в ответ.

Можно было, конечно, говорить «мимо» друг друга, в двух разных линиях. Многие, при мне, так и говорили с Блоком, — даже о «возвышенных» вещах. Но у меня, при самом простом разговоре, невольно являлся особый язык: *между* словами и *около* них лежало гораздо больше, чем в самом слове и его прямом значении.

Главное, важное, никогда не говорилось. Считалось, что оно — «несказанно».

Сознаюсь, иногда это «несказанное» (любимое слово Блока) меня раздражало. Являлось почти грубое желание все перевернуть, прорвать туманные покровы, привести к прямым и ясным линиям, впасть чуть не в геометрию. Притянуть «несказанное» за уши и поставить его на землю. В таком восстании была своя правда, но... не для Блока. Не для того раннего Блока, о котором говорю сейчас.

Невозможно сказать, чтобы он не имел отношения к реальности, еще менее, что он «не умен». А между тем все, называемое нами философией, логикой, метафизикой, даже религией, — отскакивало от него, не прилагалось к нему. Ученик и поклонник Владимира Соловьева — Блок весь был обращен к туманно-зыбкому провидению своего учителя: к его стихам, где появляется «Она», «Дева радужных ворот». Христианство Вл. Соловьева не коснулось Блока. В то время как Вл. Соловьев, для которого христианство и служило истоком его «провидений», мог безбоязненно перепрыгивать из одного порядка в другой, мог в «Трех встречах», — самой «несказанной» из поэм, — вдруг написать, захохотав, строчку: «Володенька, да как же ты глюпа!» — Блок не умел этого. «Она» или сияла ему ровным невечерним светом, или проваливалась, вместе с ним, в бездну, где уж не до невинных улыбок над собой.

5

Чем дальше, тем все яснее проступала для меня одна черта в Блоке, — двойная: его *трагичность*, во-первых, и, во-вторых, его какая-то *незащищенность*... от чего? Да от всего: от самого себя, от других людей, — от жизни и от смерти.

Но как раз в этой трагичности и незащищенности лежала и главная притягательность Блока. Немногие, конечно, понимали это, но все равно, привлекались и не понимая.

Мои внутренние восстания на блоковскую «несказанность», тяжелым облаком его обнявшую и связавшую, были инстинктивным желанием, чтобы нашел он себе какую-нибудь защиту, схватился за какое-нибудь человеческое оружие. Но для этого надо было в свое время повзрослеть. Взрослость же — не безнадежная, всеубивающая, о которой говорилось выше, но необходимая взрослость каждого человека, — не приходила к Блоку. Он оставался, при редкостной глубине, — за чертой «ответственности».

Знал ли он сам об этом? Знал ли о трагичности своей и незащищенности? Вероятно, знал. Во всяком случае чувствовал он их, — и предчувствовал, что они готовят ему, — в полную силу.

6

Блок, я думаю, и сам хотел «воплотиться». Он подходил, приникал к жизни, но когда думал, что входит в нее, соединяется с нею, — она отвечала ему гримасами.

Я, впрочем, не знаю, как он подходил, с какими усилиями. Я пишу только о Блоке, которого видели мои собственные глаза.

А мы с ним даже и не говорили почти никогда друг о друге — о нашей человеческой жизни. Особенно в первые годы нашей дружбы. Во всяком случае, не говорили о фактах, прямо, а лишь «около» них.

Мне была известна, конечно, общая биография Блока, то, что его родители в разводе, что он живет с матерью и отчимом, что отец его — в прибалтийском крае, а сестру, оставшуюся с отцом, Блок почти не знает. Но я не помню, когда и как мне это стало известно. Отражения фактов в блоковской душе мне были известнее самих фактов.

Мы засиделись однажды — над корректурой, или над другой какой-то работой по журналу — очень поздно. Так поздно, что белая майская ночь давно промелькнула. Солнце взошло и стояло, маленькое и бледное, уже довольно высоко. Но улицы, им облитые, были совершенно пусты: город спал,— ведь была глубокая ночь.

Я люблю эти солнечные часы ночного затишья, светлую жуть мертвого Петербурга (какое страшное в ней было предсказанье!).

Я говорю Блоку:

— Знаете? Пойдемте гулять.

И вот мы уже внизу, на серых, скрипящих весенней пылью, плитах тротуара. Улицы прямы, прямы, тишина, где-то за забором поет петух... Мы точно одни в целом городе, в нашем, нами милом. Он кажется мертвым, но мы знаем,— он только спит...

Опять не помню, о чем мы говорили. Помню только, что нам было весело, и разговор был легкий, как редко с Блоком...

Уже возвращаясь, почти у моей двери, куда он меня проводил, я почему-то спрашиваю его:

— А вы как думаете, вы женитесь, Александр Александрович?

Он неожиданно быстро ответил:

— Да. Думаю, что женюсь.

И прибавил еще:

— Очень думаю.

Это все, но для меня это было так ясно, как если бы другой весь вечер говорил мне о вот-вот предстоящей свадьбе.

На мой вопрос кому-то:

— Вы знаете, что Блок женится? — ответ был очень спокойный:

— Да, на Любочке Менделеевой. Как же, я знал ее еще девочкой, толстушка такая.

7

Все это лето мы с Блоком не переписывались. Осенью кто-то рассказал мне, что Блок, женившись, уехал в Шахматово, что жена его какая-то удивительная прелесть, что у них в Шахматове долго гостили Боря Бугаев и Сережа Соловьев (сын Михаила и Ольги Соловьевых).

Всю последующую зиму обстоятельства так сложились, что Блок почти не появлялся на нашем горизонте. Журнал продолжался (р.-ф.[1] собрания были запрещены свыше), но личное горе, постигшее меня в начале зимы, приостановило мою работу в нем на некоторое время. У нас не бывал никто, — изредка молодежь, ближайшие сотрудники журнала, — все, впрочем, друзья Блока.

Помнится как-то, что был и он. Да, был, — в первый раз после своей женитьбы. Он мне показался абсолютно таким же, ни на йоту не переменившимся. Немного мягче, но, может быть, просто мы обрадовались друг другу. Он мне принес стихи, — и стихи были те же, блоковские, полные той же прелестью, говорящие о той же Прекрасной Даме.

И разговор наш был такой же. Только один у меня вырвался прямой вопрос, совсем ненужный, в сущности:

— Не правда ли, ведь, говоря о Ней, вы никогда не думаете, не можете думать, ни о какой реальной женщине?

Он даже глаза опустил, точно стыдясь, что я могу предлагать такие вопросы:

— Ну, конечно, нет, никогда.

И мне стало стыдно. Такой опасности для Блока, и женившегося, не могло существовать. В чем я его по-

---

[1] Религиозно-философские.

дозреваю! Надо же было видеть, что женитьба изменила его... пожалуй, даже слишком мало.

При прощании:

— Вы не хотите меня познакомить с вашей женой?
— Нет. Не хочу. Совсем не надо.

8

Мне не хотелось бы касаться никого из друзей Блока, только одного его друга (и бывшего моего) — Бориса Бугаева — «Андрея Белого» — обойти молчанием невозможно.

Он не умер. Для меня, для многих русских людей, он как бы давно умер. Но это все равно. О живых или о мертвых говоришь — важно говорить правду. И о живых и о мертвых, одинаково, нельзя сказать всей *фактической* правды. О чем-то нужно умолчать, и о худом, и о хорошем.

Об Андрее Белом, специально, мне даже и охоты нет писать. Я возьму прежнего Борю Бугаева, каким он был в те времена, и лишь постольку, поскольку того требует история моих встреч с Блоком.

Трудно представить себе два существа более противоположные, нежели Боря Бугаев и Блок. Их различие было до грубости ярко, кидалось в глаза. Тайное сходство, нить, связывающая их, не так легко угадывалась и не очень поддавалась определению.

С Борей Бугаевым познакомились мы приблизительно тогда же, когда и с Блоком (когда, вероятно, и Блок с ним познакомился). И хотя Б. Бугаев жил в Москве, куда мы попадали не часто, а Блок в Петербурге, отношения наши с первым были внешне ближе, не то дружеские, не то фамильярные.

Я беру Б. Бугаева в сфере Блока, а потому и не останавливаюсь на наших отношениях. Указываю лишь на разность этих двух людей. Если Борю иначе, как

Борей, трудно было назвать, Блока и в голову бы не пришло звать «Сашей».

Серьезный, особенно неподвижный, Блок — и весь извивающийся, всегда танцующий Боря. Скупые, тяжелые, глухие слова Блока — и бесконечно льющиеся водопадные речи Бори, с жестами, с лицом вечно меняющимся, — почти до гримас. Он то улыбается, то презабавно и премило хмурит брови и скашивает глаза. Блок долго молчит, если его спросишь. Потом скажет «да». Или «нет». Боря на все ответит непременно: «Да-да-да»... и тотчас унесется в пространство на крыльях тысячи слов. Блок весь твердый, точно деревянный или каменный. Боря весь мягкий, сладкий, ласковый. У Блока и волосы были темные, пышные, лежат, однако, тяжело. У Бори — они легче пуха, и желтенькие, точно у едва вылупившегося цыпленка.

Это внешность. А вот чуть-чуть поглубже. Блок, — в нем чувствовали это и друзья, и недруги, — был необыкновенно, исключительно правдив. Может быть, фактически он и лгал кому-нибудь, не знаю: знаю только, что вся его материя была правдивая, от него, так сказать, несло правдой. (Кажется, мы даже раз говорили с ним об этом.) Может быть, и косноязычие его, тяжелословие, происходило отчасти благодаря этой природной правдивости. Ведь Блока, я думаю, никогда не покидало сознание или ощущение, — очень прозрачное для собеседника, — что он *ничего не понимает*. Смотрит, видит, — и во всем для него, и в нем для всего, — недосказанность, неконченность, темность. Очень трудно передать это мучительное чувство. Смотрит и не видит, потому что вот того не понимает, чего, кажется, не понимать и значит *ничего не понимать*.

Когда это постоянное состояние Блока выступало особенно резко, мне думалось: а вдруг и все «ничего не понимают», и редкостность Блока лишь в том, что он с непрерывностью чувствует, что «ничего не понимает», а все другие — не чувствуют?

Во всяком случае, с Борей такие мысли в голову не приходили. Он говорил слишком много, слишком остро, оригинально, глубоко, — затейно, — подчас прямо блестяще. О, не только понимает, — он даже пере-перепонял... все. Говорю это без малейшей улыбки. Я не отказываюсь от одной своей заметки в «Речи», — она называлась, кажется, «Белая стрела». Б. Бугаев не гений, гением быть и не мог, а какие-то искры гениальности в нем зажигались, стрелы гениальности, неизвестно откуда летящие, куда уходящие, в него попадали. Но он всегда оставался их пассивным объектом.

Это не мешало ему самому быть, в противоположность правдивому Блоку, исключительно неправдивым. И что всего удивительнее — он оставался при том искренним. Но опять чувствовалась иная материя, разная природа. Блок по существу был *верен*. «Ты, Петр, камень»... А уж если не верен — так срывается с грохотом в такие тартарары, что и костей не соберешь. Срываться, однако, должен — ведь «ничего не понимает»...

Боря Бугаев — весь легкий, легкий, как пух собственных волос в юности, — он танцуя перелетит, кажется, всякие «тарары». Ему точно предназначено их перелетать, над ними танцевать, — туда, сюда... направо, налево... вверх, вниз...

Боря Бугаев — воплощенная неверность. Такова его природа.

9

Что же связывало эти два, столь различные, существа? Какая была между ними схожесть?

Она была. Опять не коснусь «искусства», того, что оба они — поэты, писатели. Я говорю не о литературе, только о людях и о их душах, еще вернее — об их образах.

Прежде всего, они, Блок и Бугаев, люди одного и того же поколения (может быть, «полупоколения»), оба неисцелимо «невзрослые». В человеке зрелом, если он человек не безнадежно плоский, остается, конечно, что-то от ребенка. Но Блок и Бугаев — это совсем не то. Они оба не имели зрелости, и чем больше времени проходило, тем яснее было, что они ее и не достигнут. Не разрушали впечатления невзрослости ни серьезность Блока, ни громадная эрудиция Бугаева. Это было все *вместо* зрелости, но отнюдь не она сама.

Стороны *чисто* детские у них были у обоих, но разные: из Блока смотрел ребенок задумчивый, упрямый, испуганный, очутившийся один в незнакомом месте. В Боре — сидел баловень, фантаст, капризник, беззаконник, то наивный, то наивничающий.

Блок мало знал свою детскость. Боря знал отлично и подчеркивал ее, играл ею.

Оба они, хотя несколько по-разному, были безвольны. Над обоими властвовал рок. Но если в Блоке чувствовался трагизм — Боря был драматичен и, в худшем случае, мелодраматичен.

На взгляд грубый, сторонний, и Блок, и Бугаев казались, — скажем прямо, — людьми «ненормальными». И с той же грубостью толпа извиняла им «ненормальность» за их «талант», за то, что они «поэты». Тут все, конечно, с начала до конца — оскорбительно. И признание «ненормальности», и прощение за «поэзию». Что требовать с внешних? Беда в том, что этот взгляд незаметно воспринимался самими поэтами и писателями данного поколения, многими и многими (я не говорю тут собственно о Блоке и Бугаеве). Понемногу сами «служители искусства» привыкли оправдывать и безволие, и незрелость свою — именно причастностью к «искусству». Не видели, что отходят от жизни, становятся просто забавниками, развлекателями толпы, все им за это снисходительно позволяющей...

Впрочем, я отвлекаюсь. Вернемся к рассказу.

10

Весной 1904 года мы ездили за границу. Останавливались в Москве (мы тогда были в Ясной Поляне), конечно, видели Бугаева, хотя особенно точно я этого свидания не помню. Знаю лишь, что с Блоком в то время Бугаев уже был очень близок (а равно и молодой С. Соловьев).

Началом их близости было, помимо прочего, конечно, и то, что Бугаев считал себя не меньшим последователем В. Соловьева, чем Блок. Чуждый всякой философии и метафизики, Блок был чужд, как упомянуто выше, и подосновы В. Соловьева — христианства. Он принимал его в «несказанном». Напротив, Бугаев только и говорил, что о христианстве — с христианами преимущественно. К метафизике и философии он имел большое пристрастие, — хотя я не думаю, чтобы с Блоком он развивал свои философские теории. Надо сказать правду: Бугаев умел находить с каждым его язык и его тему.

Мы были с ним уже так хороши, что условились: Боря в Петербурге, куда он вознамерился приезжать часто, останавливается у нас.

Общие события лета и осени 1904 года памятны всем: убийство Плеве, «весна» Святополк-Мирского, — банкеты... У нас были свои частные события: привлечение в журнал «Новый путь» так называемых «идеалистов» (Булгакова, Бердяева и др.).

Я не пишу воспоминаний этого времени, а потому скажу вскользь: «Новый путь», по многим причинам разнообразного характера, мы решили 1904 годом закончить, и, конечно, желательнее было его кому-нибудь передать. Одна из причин была та, что мы хотели уехать года на три за границу. Срока отъезда мы, впрочем, не назначали, и если б удалось, привлечением новых людей к журналу, перестроить его так, как того требовало время (не изменяя, однако, его основ), мы рады были бы его продолжать. Короче и яснее — «Новый путь», журнал религиозный, был слишком индивидуалистичен: ему недоставало струи общественной. «Идеализм» группы Булгакова—Бердяева был тем мостом, по которому эта группа вчерашних чистых общественников (эсдеков) переходила к религии, — может быть, сама еще того не зная... (Будущее показало, что мы угадали верно, — в общем. Всем известно, как далеко, в последующие годы, ушли в сторону религии Булгаков и Бердяев, и как скоро мосты за ними были сожжены.)

Надежды наши оправдались не вполне. Идеалисты вошли в «Новый путь», но при самом соединении было ясно, что для совместной работы еще не настал момент: они — еще слишком «эсдеки», мы — еще слишком индивидуалисты.

И, фактически, уже к концу года журнал был передан им, с тем, чтобы далее он, переименовавшись в «Вопросы жизни», продолжался без нашего участия. Естественно, изменялся и состав сотрудников. Это было решено полюбовно, хотя не могу не сказать, что у нас было больше доброй воли к соединению и уступкам. Но привычное недоверие чистых общественников к людям искусства, да еще с уклоном к христианству — не привычно ли «религия — реакция»? — не удивило нас и в «идеалистах».

Секретарь журнала, Чулков, оставался секретарем и в «Вопросах жизни». Он уже и при конце «Нового пути» перешел всецело на сторону новой группы. С ним и с Булгаковым у меня было, — в декабре, кажется, — единственное журнальное столкновение, очень характерное для наших взаимоотношений и показательное для тогдашнего положения Блока. Ибо оно вышло как раз из-за моей статьи о Блоке, первой, кажется. Она была, конечно, о его стихах. И вот Чулков и Булгаков дали мне понять, что тема недостаточно общественна, а Блок недостаточно замечателен, и статейка моя, при новом облике журнала, не может пойти. Признаюсь, эта нелепость меня тогда раздосадовала, и правдами и неправдами — заметку удалось напечатать. Все-таки это был еще «Новый путь»! В «Вопросы жизни» мы больше ни с чем не ходили, конечно, хотя до конца оставались со всеми его участниками в самых дружеских отношениях, — с Бердяевым в особенности.

Но не показательно ли это приключение, с первой моей статьей о Блоке, чуть ли не одной из первых о нем вообще? Он писал четыре года. А в журналистике был так неизвестен, что и говорить о нем не считалось нужным!

Со всеми памятными датами тех времен у меня больше связывается образ Бугаева, чем Блока. Связывается внешне, ибо по странной случайности Боря, который стал часто ездить в Петербург и останавливался у нас, являлся непременно в какой-нибудь знаменательный день. Было ли это 9 января, или 17 октября, или еще что-нибудь вроде (в самый последний раз, увы, тоже случилось 1—2—3 марта 1917 г.) — помню обязательно тут же гибкую фигуру Бори, изумленно-косящие голубые глаза, слышу его своеобразные речи, меткие и детские словечки... Боря, все видел, везде был, все понял — по-своему, конечно, и в его восторженность вплетается ирония.

Наезжая в Петербург, Боря постоянно бывал у Блока. Рассказывал ли мне он о Блоке? Вероятно. Однако я не помню, чтоб он мне говорил о том, как отражаются на Блоке события. Раз он мне прочел (или показал) новое стихотворение Блока, где рифмовал «ниц» и «царицу». Стихотворение было хорошее, но рифма меня не очаровала.

— Вам нравится, Боря, это «цариц-у»?

Он неистово захохотал, подпрыгнул, чуть ли в ладоши не захлопал:

— Да, да, это именно у-у-у! Как тут нравиться, когда цариц-у-у-у!

Вот в таких пустяках являлся тогда Блок между нами.

11

Зима 1905—1906 года, — последняя зима пред нашим отъездом за границу надолго, — памятна мне, в конце, частыми свиданиями уже не с Блоком только, но с ним и его женой. Как случилось наше знакомство — не знаю, но помню часто их всех трех у нас (Боря опять приехал из Москвы), даже ярче всего помню эту красивую, статную, крупную женщину, прелестную тем играющим светом, которым она тогда светилась.

В феврале мы уехали, расставшись со всеми очень дружески, даже нежно.

Но по каким-то причинам, неуловимым — и понятным, ни с кем из них, даже с Борей, у меня переписки не было. Так, точно оборвалось.

12

Со сведениями о России много, конечно, приходило к нам и вестей о Блоке. С одной стороны — о его общественных выступлениях, участии в газете А. Тырковой, очень недолгом, правда, и окончившемся как-то неожиданно. С другой — известия о внезапной его чуть не славе в буйно завившейся после революции литературной среде, — театр Комиссаржевской, «Балаганчик»...

Но все это смутно, из вторых, третьих рук.

И только однажды, на несколько месяцев, Блок выступил из тумана. По крайней мере имя его стало у нас постоянно повторяться.

Кто-то позвонил к нам, днем.

«Monsieur»... не понимаю имени. Выхожу в переднюю. Там стоит, прислонившись к стене, в немецкой черной пелерине, — и в самом несчастном виде, — Боря Бугаев.

Явление весьма неожиданное в нашей парижской квартире.

Оказалось, что Боря уже давно странствует за границей. Не понять было сразу, как, что, зачем, почему. Шатался — именно шатался — по Германии. Вывез оттуда гетры, пелерину и трубку. Теперь приехал в Париж. Вид имел не улыбающийся, растерянный. Сказал, однако, что намерен остаться в Париже на неопределенное время.

И остался. Жить в нашей парижской квартире было негде, и он поселился недалеко, в маленьком пансиончике, — мы видались, конечно, всякий день.

Скажу в скобках, что в этом пансиончике он ежедневно завтракал... с Жоресом! И, в конце концов, они познакомились, даже велись постоянные долгие разговоры. Боже мой — о чем? Но воистину не было человека, с которым не умел бы вести долгих разговоров Боря Бугаев!

13

Об этих месяцах с Борей в Париже, о наших прогулках по городу и беседах не стоило бы здесь говорить, если бы темой этих бесед не был, почти постоянно, — Блок.

Мой интерес к Блоку, в сущности, не ослабевал никогда. Мне было приятно как бы вызывать его присутствие (человек, о котором думаешь или говоришь, всегда немного присутствует). То, что Боря, вчерашний страстный друг Блока, был сегодня его таким же страстным врагом, — не имело никакого значения.

Да, никакого, хотя я, может быть, не сумею объяснить, почему. Надо знать Борю Бугаева, чтобы видеть, до какой степени легки повороты его души. Сама вертится. И это его душа вертится, туда-сюда, совсем неожиданно, — а ведь Блок тут ни при чем. Блок остается как бы неизменяемым.

Надо знать Борю Бугаева, понимать его, чтобы не обращать никакого внимания на его отношение к человеку в данную минуту. Вот, он говорит, что любит кого-нибудь. С блеском и проникновением рисует он образ этого человека, а я уже знаю, что завтра он его же будет ненавидеть до кровомщения, до желания убить... или написать на него пасквиль, с блеском нарисует его образ темными красками... Какое же это имеет значение, — если, конечно, думать не о Бугаеве, а о том, на кого направлены стрелы его любви или ненависти?

Как бы то ни было, эти месяцы мы прожили, благодаря Бугаеву, в атмосфере Блока. И хотя отношение мое к Бугаеву самое было доброе, на мне нет участия греха в мгновенной перемене его к Блоку. Боря ведь и мой был «друг»... такой же всегда потенциально-предательский. Он — Боря Бугаев.

А Блок, сделавшись более понятным со всех сторон, — сделался мне ближе. Опять думалось: какие разные люди, эти два «друга», два русские поэта, оба одного и того же поколения и, может быть, связанные одной и той же, — неизвестной, — судьбой...

14

Снова Петербург. Та же комната, та же лампа на столике, отделяющем мою кушетку от кресла, где сидит тот же Блок.

Как будто и не было этих годов... Нет, нет, как будто прошло не три года, а три десятилетия.

Лишь понемногу я нахожу в Блоке старое, неизменное, неизменяемое. По внешности он изменился мало. Но при первых встречах чувствовалось, что мы еще идем друг к другу издалека, еще не совсем узнаем друг друга. Кое-что забылось. Многое не знается. Мы жили — разным.

Скоро вспомнилась инстинктивная необходимость говорить с Блоком особым языком — *около* слов. Тут неизменность. Стал ли Блок «взрослым»? У него есть, как будто, новые выражения и суждения — «общие»... Нет, и это лишь внешность. Так же мучительно задумчивы и медленны его речи. А каменное лицо этого, ныне такого известного и любимого поэта, еще каменнее, на нем печать удивленного, недоброго утомления. И одиночества, не смиренного, но и не буйного, — только трагичного.

Впрочем, порою что-то в нем новое настойчиво горело и волновалось, хотело вырваться в слова — и не могло, и тогда глаза его делались недоуменно, по-детски, огорченными.

Блок читает мне свою драму, самую — до сих пор! — неизвестную вещь из своих произведений. (Не помню ее ни в печати, ни на сцене.) По тогдашнему моему впечатлению — она очень хороша, несмотря на неровность, условность, порою дикость. Его позднейшая пьеса «Роза и крест», — какая сравнительно слабая и узкая!

Эта — в прозе. Заглавия не помню, — мы, говоря о ней, называли ее «Фаиной», по имени героини. Блок читает, как говорит: глухо, однотонно. И это дает своеобразную силу его чтению.

Очень «блоковская вещь». Чем дальше слушаю, тем ярче вспоминаю прежнего, юного, вечного Блока. Фаина? Вовсе не Фаина, а все та же Прекрасная Дама, Она, Дева радужных ворот, никогда — земная женщина.

> Ты в поля отошла без возврата,
> Да святится Имя твое...

Нет, не без возврата...

> ...года проходят мимо.
> Предчувствую, изменишь облик Ты.

Я говорю невольно:

— Александр Александрович. Но ведь это же не Фаина. Ведь это опять Она.

— Да.

Еще несколько страниц, конец, и я опять говорю, изумленно и уверенно:

— И ведь Она, Прекрасная Дама, ведь Она — Россия!

И опять он отвечает так же просто:

— Да. Россия... Может быть, Россия. Да.

Вот это и было в нем, в Блоке, новое, по-своему глубоко и мучительно оформившееся, или полуоформившееся. Налетная послереволюционная «общественность» на нем не держалась. В разговорах за столом, при других, он произносил какие-то слова «как все», и однако не был «как все», и с нашими тогдашними настроениями, довольно крайними, совсем не гармонировал.

Наедине с ним становилось понятней: он свое, для себя, вырастил в душе. Свою Россию — и ее полюбил, и любовь свою полюбил — «несказанную».

15

Блок был нездоров. Мы поехали к нему как-то вечером, в маленькую его квартирку на Галерной.

Сжато, уютно, просто. Много книг. Сам Блок дома сжатый и простой. Л. Д., жена его, — очень изменилась. Такая же красивая, крупная, — слишком крупная для маленьких комнат, маленького чайного стола, — все-таки была не та. В ней погас играющий свет, а от него шла ее главная прелесть.

Мы знали, что за эти годы она увлеклась театром, много работала, ездила по России с частной труппой. Но, повторяю, не это ее изменяло, да и каботинка[1] в ней, такой спокойной, не чувствовалась. В ней и свет

---

[1] От фр. cabotin — актер, комедиант.

был, но другой, не тот, не прежний, и очень вся она была иная.

Помнилась и она, однако такой, как была перед отъездом нашим, и хотелось с ними обоими найти хоть какую-нибудь жизненную или общественную связь. Надо сказать, что за время нашего отсутствия в Петербурге создалось (из остатков прежних религиозно-философских собраний) целое Р. Ф. Общество, официально разрешенное. Мы в нем принимали, конечно, участие, — это был как раз «сезон о Боге», когда начались наши столкновения с эсдеками (эсдеки и выдумали нелепое разделение на «богостроителей» и «богоискателей»). Но общество, многолюдное и чисто интеллигентское, не удовлетворяло нас. И мы вздумали создать секцию, нечто более интимное, но в то же время и более широкое по задачам. Чтобы обойти цензуру — назвали секцию секцией «по изучению истории религий». Непременно хотелось привлечь в эту секцию обоих Блоков. Блок несколько раз приходил к нам, когда создавалась секция, был чуть ли не одним из ее «учредителей».

Однако после нескольких заседаний и он, и жена его — исчезли. Да так, что и к нам Блок перестал ходить.

Встречаю где-то Любовь Дмитриевну.

— Отчего вас не видно на Гагаринской? (Там собиралась секция.) Надоело? Заняты?

Ответ получаю наивно-прямой, который сам Блок не дал бы, конечно: на Гагаринской говорят о том, что... должно быть *несказанно*.

В наивном ответе была тень безнадежной правды: и мы поняли, что ни в каких «секциях», даже самых совершенных, Блок бывать не будет и бывать не может.

16

В эти годы, такие внешне-шумные, порою суетливые, такие внутренне трудные, тяжелые и сосредоточенные, —

я помню Блока все время около нас, но не с нами. Не в нашей жизни — а близ ее. У меня была потребность видеть его. Очевидно, была она и у него, — он приходил часто. Но всегда один и тогда, когда мы бывали одни. Приходил надолго. Мы засиживались с ним — иногда и наедине — до поздней ночи. Читал мне свое, или просто говорили... о чем? Не о стихах, не о людях, не о нем, — а то, пожалуй, и о стихах, и о людях, и о нем, в особом аспекте, как über die letzten Dinge — как «о самых важных, последних вещах» — *около* них, разумеется.

Нам, конечно, известно было то, что говорили о Блоке: говорили, что он «кутит»... нет, что он пьет, уходя один, пропадая по целым ночам... Удивлялись: один! Точно это было удивительно. Не удивительно. А если важно — то не само по себе, а вот то, что тут опять и блоковское одиночество, трагичность — и «незащищенность»... от рока, от трагедии?

Между нами разговора об этом не было. Да и зачем? Были его стихи.

Еще менее, чем о нем, говорили мы обо мне. Никогда, кажется, слова не сказали. Раз, он пришел, — на столе лежала рукопись второй книжки моих стихов, приготовленная к печати. Блок стал смотреть ее, очень внимательно (хотя все стихи он уже знал давно).

Я говорю:

— Хотите, Александр Александрович? Выберите, какие вам больше нравятся, я вам их посвящу.

— Можно? Очень хочу.

Долго сидел за столом. Выбрал несколько одно за другим. Выбрал хорошие или плохие — не знаю, во всяком случае те, которые мне были дороже других.

17

А вот полоса, когда я помню Блока простого, человечного, с небывало-светлым лицом. Вообще — не помню его улыбки. Если и была — то скользящая, незаметная. А в этот период помню именно улыбку, озабоченную и нежную. И голос точно другой, теплее.

Это было, когда он ждал своего ребенка, а больше всего — в первые дни после его рождения.

Случилось, и довольно неожиданно (ведь мы реальной жизнью мало были связаны), что в эти серьезные для Блока дни мы его постоянно видели, он все время приходил. Не знаю, кто о жене его заботился, и были ли там чьи-нибудь понимающие заботы (говорил кто-то после, что не было). Мы едва мельком слышали, что она ожидает ребенка. Раз Блок пришел и рассказал, что ей вдруг стало дурно и он отвез ее в лечебницу. «И что же?» — спрашиваем. «Ничего, ей теперь лучше».

День за день, — наступили необыкновенно трудные роды. Почему-то я помню ночные телефоны Блока из лечебницы. Наконец, однажды, поздно, известие: родился мальчик.

Почти все последующие дни Блок сидел у нас вот с этим светлым лицом, с улыбкой. Ребенок был слаб, отравлен, но Блок не верил, что он умрет: «Он такой большой». Выбрал имя ему Дмитрий, в честь Менделеева.

У нас в столовой, за чаем, Блок молчит, смотрит не по-своему, светло — и рассеянно.

— О чем вы думаете?
— Да вот... Как его теперь... Митьку... воспитывать?..

Митька этот бедный умер на восьмой или десятый день.

Блок подробно, прилежно рассказывал, объяснял, почему он не мог жить, должен был умереть. Просто очень рассказывал, но лицо у него было растерянное, не верящее, потемневшее сразу, испуганно-изумленное.

Еще пришел несколько раз, потом пропал.

Уже долгое время, когда Л. Д. совсем поправилась, они приехали к нам оба, прощаться: уезжают за границу. «Решили немножко отдохнуть, другие места повидать...»

У обоих лица были угасшие, и визит был ненужный, серый. Все казалось ненужным. Погасла какая-то надежда. Захлопнулась едва приоткрывшаяся дверь.

18

Может быть, кто-нибудь удивится, не поймет меня: какая надежда для Блока в ребенке? Блок — отец семейства! Он поэт, он вечный рыцарь, и если действительно был «невзрослым», то не прекрасно ли это — вечный юноша? Останься сын его жив, — что дал бы он поэту? Кое-что это отняло бы, скорее. Замкнуло бы, пожалуй, в семейный круг...

Трудно отвечать на размышления такого порядка. Скажу, впрочем, одно: Блок сам инстинктивно чувствовал, что может дать ему ребенок, и как ему это нужно. А мог он ему дать кровную связь с жизнью и *ответственность*.

При всей значительности Блока, при его внутренней человеческой замечательности, при отнюдь не легкой, но тяжелой и страдающей душе, я повторяю — *он был безответственен*. «Невзрослость» его, это нечто совсем другое, нежели естественная, полная сил, светлая юность. А это вечное хождение *около* жизни? А это бескрайнее, безвыходное одиночество? В ребенке Блок почуял возможность прикоснуться к жизни с тихой лаской. Возможность, что жизнь не ответит ему гримасой, как всегда. Не в отцовстве тут было дело: именно в новом чувстве ответственности, которое одно могло *довершить* его, как человека.

Сознавал ли это Блок так ясно, так грубо, как я сейчас пишу? Нет, конечно. Но весь просветлел от одной надежды. И когда она погасла — погас и он. Вернулся в свою муку «ничегонепонимания», еще увеличившуюся, ибо он не понимал и этого: зачем была дана надежда и зачем была отнята.

19

Своеобразность Блока мешает определять его обычными словами. Сказать, что он был *умен*, так же неверно, как вопиюще неверно сказать, что он был глуп. Не эрудит — он любил книгу и был очень серьезно образован. Не метафизик, не философ — он очень любил историю, умел ее изучать, иногда предавался ей со страстью. Но, повторяю, все в нем было своеобразно, угловато, — и неожиданно. Вопросы общественные стояли тогда особенно остро. Был ли он вне их? Конечно, его считали аполитичным и — готовы были все простить ему «за поэзию». Но он, находясь вне многих интеллигентских группировок, имел, однако, свои собственные мнения. Неопределенные в общем, резкие в частностях.

Столкновения, которые когда-либо происходили между нами и Блоком, были только на этой почве. Мимолетные, правда: ведь общих дел у нас не было, приходил он к нам один, да и касаться этих вопросов мы избегали. Но подчас столкновения были резкие. Не помню их ясно, — о последнем, главном, речь впереди.

Иногда Блок совершенно исчезал. Возвращаясь раз в ярко-солнечный вечер, мы заехали к нему.

Светлая, как фонарик, вся белая, квартирка в новом доме на Каменноостровском. Как непохожа на ту, на Галерной!

Нас встретила его жена. А Блок еще спал... Вернулся поздно, — как дала нам понять Л. Д., — только утром. Через несколько времени он вышел. Бледный, тихий, каменный, как никогда. Мы посидели недолго. Было темно в светлой, словно фонарь, квартирке.

На возвратном пути опять вспомнился мне — вечно пребывающий, вечно изменяющийся облик Прекрасной Дамы:

> По вечерам, над ресторанами
> Горячий воздух дик и глух,
> И правит окриками пьяными
> Весенний и тлетворный дух.
> ....
>
> И каждый вечер в час назначенный
> (Иль это только снится мне?)
> Девичий стан, шелками схваченный,
> В туманном движется окне.
>
> И, медленно пройдя меж пьяными,
> Всегда без спутников, одна,
> Дыша духами и туманами,
> Она садится у окна.
>
> И веют древними поверьями
> Ее упругие шелка,
> И шляпа с траурными перьями,
> И в кольцах узкая рука...
> ....
> В моей душе лежит сокровище,
> И ключ поручен только мне.
> Ты право, пьяное чудовище!
> Я знаю, истина в вине.

«Незнакомка» всем известна. Но кто понял это стихотворение до дна? А вот две строки из другого, строки страшные и пророческие:

> О, как паду, и горестно, и низко,
> Не одолев смертельные мечты.

Ужас предчувствия: «Изменишь облик Ты» — исполнялся, но еще далеко было до исполнения. «Она» в черном, не в белом платье, и не над вечерней рекой, не под радужными воротами, а «меж пьяными» — о, это еще не так страшно. Это еще не все.

20

Так как я пишу почти исключительно о том Блоке, которого видели мои глаза, то сами собой выпадают из повествования все рассказы о нем, о его жизни, — правдивые или ложные, кто разберет?

Друг-враг его, Боря Бугаев (теперь уже окончательно Андрей Белый) давно, кажется, опять стал его «другом». Но я плохо знаю новые отношения, потому что в последние годы перед войной редко виделись мы и с А. Белым: он женился на московской барышне (на сестре ее женился Сергей Соловьев), долго путешествовал и, наконец, сделавшись яростным последователем д-ра Штейнера, поселился с женой у него в Швейцарии. Однажды, проездом в Финляндию (Штейнер тогда был в Гельсингфорсе), А. Белый появился к нам. Бритый, лысый (от золотого пуха и воспоминаний не осталось), он, однако, по существу был тот же Боря: не ходил — а танцевал, садился на ковер, пресмешно и премило скашивал глаза, и так же водопадны были его речи, — на этот раз исключительно о д-ре Штейнере и антропософии. А главное — чувствовалось, что он также не отвечает за себя и свои речи, ни за один час не ручается, как раньше. И было скучно.

С Блоком в эти зимы у нас установились очень правильные и, пожалуй, близкие отношения. Приходил, как всегда, один. Если днем, — оставался обедать, уходил вечером.

Несколько раз являлся за стихами для каких-то изданий, в которых вдруг начинал принимать деятельное участие: «Любовь к трем апельсинам» или сборник «Сирин».

По моей стихотворной непродуктивности, найти у меня стихи — дело нелегкое. Но Блоку отказывать не хотелось. И вот мы вместе принимались рыться в старых бумагах, отыскивая что-нибудь забытое. Если находили там (да если и в книжке моей), являлось новое затруднение: надо стихи переписывать. Тут Блок с немедленной самоотверженностью садился за мой стол и не вставал, не переписав всего, иногда больше, чем нужно: так, у меня случайно остался листок с одним очень старым моим, никогда не напечатанным, стихотворением — «Песня о голоде», переписанном рукой Блока.

Блок уже издал «Розу и крест», собирался ставить ее в Москве, у Станиславского. «Роза и крест» обманула мои ожидания. Блок подробно рассказывал мне об этой пьесе, когда только что ее задумывал. В ней могло быть много пленительности и острой глубины. Но написанная — она оказалась слабее. Блок это знал и со мной о пьесе не заговаривал. Мне и писать о ней не хотелось.

21

Каждую весну мы уезжали за границу. Летом возвращались — но Блок уже бывал у себя в деревне. Иногда летом писал мне. А осенью опять начинались наши свидания. В промежутках, если проходила неделя-две, мы разговаривали по телефону, — бесконечно, по целым часам. Медлительная речь Блока по телефону была еще медлительнее. Как вчера помню, — на мое первое «allo!» его тяжелый голос в трубку: «Здравствуйте», — голос, который ни с чьим смешать было нельзя, и долгие, с паузами речи. У меня рука уставала держать трубку, но никогда это не было болтовней, и никогда мне не было скучно. Мы спорили, порою забывая о разделяющем пространстве, о том, что не видим друг друга. И расставались, как после свидания.

22

Война.
Трудно мне из воспоминаний об этих вихревых первых месяцах и годах выделить воспоминание о Блоке.

Уж очень сложна стала жизнь. Война встряхнула русскую интеллигенцию, создала новые группировки и новые разделения.

Насколько помню — первое «свидание» наше с Блоком после начала войны — было телефонное. Не хотелось,— да и нельзя было говорить по телефону о войне, и разговор скоро оборвался. Но меня удивил возбужденный голос Блока, одна его фраза: «Ведь война — это прежде всего *весело!*»

Зная Блока, трудно было ожидать, что он отнесется к войне отрицательно. Страшило скорее, что он увлечется войной, впадет в тот неумеренный военный жар, в который впали тогда многие из поэтов и писателей. Его «весело» уже смущало...

Однако, скажу сразу, этого с Блоком не случилось. Друга в нем непримиримые, конечно, не нашли. Ведь если на Блока наклеивать ярлык (а все ярлыки от него отставали), то все же ни с каким другим, кроме «черносотенного», к нему и подойти было нельзя. Это одно уже заставляло его «принимать» войну. Но от «упоения» войной его спасала «своя» любовь к России, даже не любовь, а какая-то жертвенная в нее влюбленность, беспредельная нежность. Рыцарское обожание... ведь она была для него, в то время, — Она, вечно облик меняющая «Прекрасная Дама»...

23

Мы стали видеться немного реже и, по молчаливому соглашению, избегали говорить о войне. Когда все-таки говорили, — спорили. Но потом спор обрывался. Упирались, как в стену, в то, что одни называли блоковским «черносотенством», другие — его «аполитичностью».

Для меня — это была «трагедия безответственности». И лучше, думалось, этого не касаться...

Ранней весной должна была идти, в Александринском театре, моя пьеса «Зеленое кольцо». (История ее постановки с Савиной, Мейерхольдом и т. д. сама по себе любопытна и характерна, но к Блоку отношения не имеет, и я ее опускаю.) Блок пьесу знал еще в рукописи. Она ему почему-то особенно нравилась.

Шли репетиции. Ни на одну мне не удавалось попасть. Их назначали по утрам. Случайно единственную назначили вечером. Принесли извещение, когда у нас сидел Блок.

— Хотите, пойдемте вместе? — говорю ему. — Заезжайте за мною, и назад привезите. Не хотите — пусть Мейерхольд обижается, не поеду.

— А меня не погонят? — с шутливой опаской спросил Блок и сейчас же согласился.

Был февраль. Еще холодно, не очень снежно. Едем в автомобиле по ровной, как стрела, Сергиевской, — полутемной (война!). Я, кажется, убеждаю Блока не писать в «Лукоморье» (нововременский журнал). Потом переходим на театр. Я не верю в театр. Не должен ли он непременно искажать написанное?

— Вы были довольны, А. А., вашими пьесами у Комиссаржевской?

Блок молчит. Потом с твердостью произносит:

— Нет. Меня оскорбляло.

Кажется, и он не верит в театр.

В темной зале, невидные, мы просидели вместе с Блоком все акты (3-й, с Савиной, не репетировался). Конечно, чепуха. Привыкнув играть любовников — актеры не могли перевоплотиться в гимназистов. Когда один, перед поцелуем, неожиданным (по смыслу) для него самого, вдруг стал озираться, даже заглянул за портьеру, Блок прошептал мне: «Это уж какая-то порнография!»

Лучше других была Рощина-Инсарова. Но и она не удовлетворяла Блока. В первом перерыве он ей послал записочку: *«Спросите Блока. Он вам хорошо скажет».*

Кажется, они потом долго разговаривали.

Мейерхольд был в ударе. Собрал всех актеров в фойе, произнес горячую назидательную речь. И мы уехали с Блоком домой, пить чай.

24

Блок не пошел на войну. Зимой 15—16 года он жил уединенно, много работал. У меня в эту зиму, по воскресеньям, собиралось много молодежи, самой юной, — больше всего поэтов: их внезапно расплодилось неистовое количество. Один приводил другого, другой еще двух, и так далее, — пока не пришлось подумать о некотором сокращении. Иных присылал Блок, этим всегда было место. Блок интересовался моими сборищами и часто звонил по телефону в воскресенье вечером.

Приходил же, как всегда, когда не было никого. Раз, случайно — днем, — столкнулся у нас с Марьей Федоровной (женой Горького). Она у нас вообще не бывала. Очевидно, дело какое-то оказалось, какой-нибудь сборник — не знаю. Мы иногда встречались с нею и с Горьким в эти зимы у разных людей (Горький заезжал и к нам — чуть ли не предлагал стихи мои издать, но мы это замяли).

Жена Горького, впоследствии усердная «комиссарша» совдепских театров, была, пока что, просто зрелых лет каботинка, на всех набегавшая, как беспокойная волна.

Вижу ее и Блока сидящими за чайным столом друг против друга. Пяти минут не прошло, как уж она на Блока набежала с какими-то весьма умеренными, но «эсдечными», — по Горькому, — мнениями.

Ей удавалось произнести слов 50—60, пока Блок успевал выговорить четыре. Это его, очевидно, раздражало, и слова, спокойные, становились, однако, все резче.

Марья Федоровна без передышки наскакивала и стрекотала: «Как вы можете не соглашаться, неужели вы не знаете положения, кроме того, общество... кроме того, правительство... цензура не позволяет... честные элементы... а она... они... их... оно...» Блок словно деревянным молотком стучал упрямо: «Так и надо. Так и надо».

С художественной точки зрения эта сцена была любопытна, однако мы вздохнули свободнее, когда она кончилась и Марья Федоровна уехала.

Уехала, но с Блока не сошло упрямство. Он и без нее продолжал твердить то же, в том же духе, ни на пядь не уступая. Доконала она, видно, его. Мы постарались совсем повернуть разговор. Не помню, удалось ли это.

25

Длинная статья Блока, напечатанная в виде предисловия к изданию сочинений Ап. Григорьева, до такой степени огорчила и пронзила меня, что показалось невозможным молчать. Статья была принципиальная, затрагивала вопрос очень современный и, на мой взгляд, важный: о *безответственности* поэта, художника, писателя — как человека. На примере Ап. Григорьева и В. Розанова Блок старался утвердить эту безответственность и с величайшей резкостью обрушивался как на старую интеллигенцию с ее «заветами», погубившую будто бы Ап. Григорьева (зачем осуждала бесшабашность и перекидничество его), так и на нетерпимость (?) новой, по отношению Розанова. Кстати, восхвалялись «Новое время» и Суворин-старик (этот типичнейший русский нигилист), не смотревший ни на гражданскую, ни на человеческую мораль Розанова.

Много чего еще было в статье Блока. И в ответной моей тоже (впоследствии напечатанной в сборнике «Огни»), — суть ее определялась эпиграфом:

> Поэтом можешь ты не быть,
> Но *человеком* быть обязан.

Печатать статью, не прочтя ее раньше Блоку, мне и в голову, конечно, не приходило. Мы сговорились с ним, — это было поздней весной 16-го года, — и он явился вечером, светлым, голубеющим, теплым: помню раскрытые низкие окна на Сергиевскую, на весенние деревья Таврического парка, за близкой решеткой.

Мне памятен этот вечер со всеми его случайностями. Когда мы еще сидели в столовой, — в передней, рядом, позвонили, и вбежала незнакомая заплаканная девушка. Бросилась ко мне, забормотала, всхлипывая:

— Защитите меня... Меня увозят, обманом... Вы написали «Зеленое кольцо»... Вы поймете...

И вдруг, взглянув в открытую дверь столовой, вскрикнула:

— Вот, у вас Блок... Он тоже защитит, поможет мне... Умоляю, не отдавайте меня ему...

Блок вышел в переднюю. Мы стояли с ним оба беспомощные, ничего не понимая. Девушка, неизвестная и Блоку, была явно нервно расстроена. Не знаю, чем бы это кончилось, но тут опять позвонили и вошел «он», брат девушки, очень нежно стал уговаривать ехать с ним — домой (как он говорил). Общими силами мы ее успокоили, уговорили, отправили.

Впоследствии узналось, что девушка, хоть и действительно нервно расстроенная, не совсем была неправа, спасаясь от брата. Темная какая-то история, с желанием братьев, из расчета, упрятать сестру в лечебницу... Темная история.

Но что мы могли сделать? Мог ли когда-нибудь человек помочь человеку?

Мы, однако, невольно омрачились. И без того грусть и тревога лежали на душе.

> Все это было, кажется, в последний,
> В последний вечер, в вешний час.

> И плакала безумная в передней,
> О чем-то умоляя нас.
> Потом сидели мы под лампой блеклой,
> Что золотила тонкий дым.
> А поздние, распахнутые стекла
> Отсвечивали голубым...

В моем кабинете, под этой «блеклой» лампой, медленно куря одну тонкую папиросу за другой, Блок выслушал мои о нем довольно резкие строки. Мне хотелось стряхнуть с нас обоих беспредметную грусть этого свидания. Лучше спорить, горячиться, сердиться... Спор был, но и он вышел грустный. Блок возражал мне, потом вдруг замолчал. Через минуту заговорил о другом, — но понятно было, что не о другом, о том же, только не прямо о предмете, а, как всегда он говорит, — *около*.

Не хотелось говорить и мне. Да, все это так, и нельзя не требовать от каждого человека, чтобы он был человеком, и не могу я от Блока этого не требовать, но... как больно, что я не могу и не перестану! В эту минуту слабости и нежности хотелось невозможного: чтобы прощалось, вот таким, как Блок, непрощаемое. Точно от прощения что-нибудь изменилось бы! Точно свое непрощаемое, свою трагедию, не нес Блок в самом себе!

Мы сидели поздно, совсем заголубели окна. Никогда, кажется, не говорили мы так тихо, так близко, так печально.

Даже на пустынной улице, около свежего сада, он еще остановился, и мы опять говорили о чем-то, о саде, о весне, опять по-ночному тихо, — окна у меня были низкие.

> ...Ты, выйдя, задержался у решетки,
> Я говорил с тобою из окна.
> А ветви юные чертились четко
> На небе — зеленей вина.
> Прямая улица была пустынна.
> Я не прощу. Душа твоя невинна.
> Я не прощу ей — никогда.

Вернувшись осенью 16-го года в Петербург из деревни, мы узнали, что Блок, если не на фронте — то недалеко от фронта: служит в Земско-городском союзе. Вести о нем приходили хорошие: бодр, деятельно работает, загорел, постоянно на лошади... Мать сообщала мне, что очень довольна его письмами, хотя они кратки: некогда.

26

Я, может быть, увлекаюсь и злоупотребляю подробностями встреч моих с Блоком. Но кому-нибудь из любящих его память будут интересны и они. Теперь досказать осталось не много.

Дни революции. В самый острый день, а для нас даже в самый острый момент (протопоповские пулеметы с крыш начали стрелять в наши окна, то с улицы, то со двора), — внезапное появление Б. Бугаева — Андрея Белого. Он уже с год как приехал из Швейцарии в Москву, один, говорил, что в виду призыва, но на войну не пошел. Связался с издательством одной темной личности — Иванова-Разумника, что-то писал у него, ездил к нему в Царское Село. В этот день он мирно ехал из Царского, где было еще тихо, и обалдел, выйдя из вагона прямо на улицы революционного города. В шубе до пят — он три часа волокся к нам пешком, то и дело заваливаясь под заборы, в снег, от выстрелов. Так обезножел, что у нас в квартире и остался (да и выйти побаивался).

Опять вижу в эти дни танцующую походку, изумленно скошенные глаза, гомерические речи и вскрики: «Да-да-да, теперь русский флаг — будет красный флаг? Правда? Правда, надо, чтоб был красный?»

Без моего погибшего дневника не могу восстановить даты, но скоро, очень скоро после революции, через неделю или две, вот Блок, в защитке, которая его очень изменяет, взволнованно шагающий по длинной моей комнате. Он приехал с фронта, или оттуда, где он находился, — близ северо-западного фронта.

В торопливо-радостные дни это все было радостно и спешно, люди приходили, уходили, мелькали, текли, — что запоминалось? Что забывалось?

Но Блок, в высоких сапогах, стройно схваченный защиткой, непривычно быстро шагающий по моему ковру, — ярко помнится. И слова его помнятся, все те же он повторял:

— Как же теперь... ему... русскому народу... лучше послужить?

Лицо у него было не просветленное, мгновеньями потерянное и недоуменное. Все кругом было так непохоже на прежнее, несоизмеримо с ним. Почему вдруг вспомнилось лицо Блока, тоже растерянное, только более молодое и светлое, и слова:

— Как же теперь... его... Митьку... воспитывать?

Тогда только промелькнуло, а теперь, когда вспоминаю это воспоминание, — мне страшно. Может быть, и тут для Блока приоткрылась дверь надежды? Слишком поздно?

27

Наступил период, когда я о Блоке ничего не помню. Кажется, он опять уехал к месту службы. Потом мы уехали на несколько недель на Кавказ. Там — два-три письма из Москвы, от А. Белого. По обыкновению — сумасшедше-талантливые, но с каким-то неприятным привкусом и уклоном. С восторгами насчет... эсдеков. С туманными, но противными прорицаниями. Что же спрашивать с Белого? Он всегда в драме — или мелодраме. И ничего особенно ужасного и значительного отсюда не происходит.

Наше возвращение. Корниловская история — ее мы переживали изнутри, очень близко, и никак не могли опомниться от лжи, в которую она была заплетена (и до сих пор заплетена). Виделись ли мы с Блоком? Вероятно, мельком. Потому, думаю, вероятно, виделись, — что мой телефон осенью, совершенно поразивший меня, был действием простым, как будто и не первой встречей после весны.

Конец, провал, крушение уже не только предчувствовалось — чувствовалось. Мы все были в агонии. Но что ж, смириться, молчать, ждать? Все хватались за что кто мог. Не могли не хвататься. Савинков, ушедший из правительства после Корнилова, затевал антибольшевистскую газету. Ему удалось сплотить порядочную группу интеллигенции. Почти все видные писатели дали согласие. Приглашения многих были поручены мне. Если приглашение Блока замедлилось чуть-чуть, то как раз потому, что в Блоке-то уж мне и в голову не приходило сомневаться.

Все это было в начале октября. Вечером, в свободную минутку, звоню к Блоку. Он отвечает тотчас же. Я, спешно, кратко, точно (время было телеграфическое!) объясняю, в чем дело. Зову к нам, на первое собрание.

Пауза. Потом:

— Нет, я, должно быть, не приду.

— Отчего? Вы заняты?

— Нет, я в такой газете не могу участвовать.

— Что вы говорите! Вы не согласны? Да в чем же дело?

Во время паузы быстро хочу сообразить, что происходит, и не могу. Предполагаю кучу нелепостей. Однако не угадываю.

— Вот война, — слышу глухой голос Блока, чуть-чуть более быстрый, немного рассерженный. — Война не может длиться. Нужен мир.

— Как... мир? Сепаратный? Теперь — с немцами мир?

— Ну да. Я очень люблю Германию. Нужно с ней заключить мир.

У меня чуть трубка не выпала из рук.

— И вы... не хотите с нами... Хотите заключать мир... Уж вы, пожалуй, не с большевиками ли?

Все-таки, и в эту минуту, вопрос мне казался абсурдным. А вот что ответил на него Блок (который был очень правдив, никогда не лгал):

— Да, если хотите, я скорее с большевиками... Они требуют мира, они...

Тут уж трудно было выдержать.

— А Россия?!. Россия?!.

— Что ж Россия?

— Вы с большевиками, и забыли Россию. Ведь Россия страдает!

— Ну, она не очень-то и страдает...

У меня дух перехватило. Слишком это было неожиданно. С Блоком много чего можно ждать, — но не этого же. Я говорю спокойно:

— Александр Александрович. Я понимаю, что Боря может... Если он с большевиками — я пойму. Но ведь он — «потерянное дитя». А вы! Я не могу поверить, что вы... Вы!

Молчание. Потом вдруг, точно другой голос, такой измененный:

— Да ведь и я... Может быть, и я тоже... «потерянное дитя»?

Так эти слова и остались звенеть у меня в ушах, последний мой телефон с Блоком:

«Россия не очень и страдает... Скорее уж с большевиками... А если и я „потерянное дитя"?»

О катастрофе не буду, конечно, распространяться. Прошла зима, страшнее и позорнее которой ранее никогда не было. Да, вот это забывают обыкновенно, а это надо помнить: большевики — *позор* России, несмываемое с нее никогда пятно, даже страданиями и кровью ее праведников несмываемое.

...Но и такой, моя Россия,
Ты всех краев дороже мне!

К счастью, Блок написал эти строчки задолго до большевизма, и «такая» — не значит (в этом стихотворении) «большевистская». Однако — чем утешаться? Сомнений не было: Блок *с ними*. С ними же, явно, был и Андрей Белый. Оба писали и работали в «Скифах» — издательстве этого переметчика — не то левого эсэра, не то уж партийного большевика — Иванова-Разумника.

Слышно было, что и в разных учреждениях они оба *добровольно* работают. Блок вместе с Луначарским и Горьким. Его поэма «Двенадцать», напечатанная в этих самых «Скифах», неожиданно кончающаяся Христом, ведущим 12 красногвардейцев-хулиганов, очень нашумела. Нравилось, что красногвардейцев 12, что они как новые апостолы. Целая литература создалась об этих «апостолах» еще при жизни Блока. Наверно, и его спрашивали, как он понимает сам этого неожиданного Христа впереди двенадцати. И, наверно, он не сказал, — «потому что это несказанно». Большевики, несказанностью не смущаясь, с удовольствием пользовались «Двенадцатью»: где только не болтались тряпки с надписью:

Мы на горе всем буржуям
Мировой пожар раздуем.

Даже красноармейцам надоело, тем более, что мировой пожар, хоть и дулся, — не раздувался.

Видали мы и более смелые плакаты, из тех же «Двенадцати»:

...Эй, не трусь!
Пальнем-ка пулей в святую Русь! —

и еще что-то вроде.

Не хотелось даже и слышать ничего о Блоке. Немножко от боли не хотелось. А думалось часто. Собственно кощунство «Двенадцати» ему нельзя было ставить в вину. Он не понимал кощунства. И, главное, не понимал, что тут чего-то не понимает. Везде особенно остро чувствовал свое «ничегонепонимание» и был тонок, а вот где-то здесь, около религии, не чувствовал, — и был груб. И невинен в грубости своей. Что требовать от Блока, если «христианнейший антропософ» А. Белый в это время написал поэму «Христос воскресе», — не имевшую успеха, ибо неудачную, — однако столь ужасную по кощунству, что никакие блоковские красноармейцы в сравнение с ней идти не могли.

Об А. Белом думалось с жалостью и презреньем. О Блоке — с жалостью и болью. Но не всегда. Кощунства — пусть, что с него тут требовать, не понимал никогда, и не лгал, что понимает. Но его Прекрасная Дама? Его Незнакомка? Его Фаина, — Россия, — «плат узорный до бровей», — его любовь?

И уж не боль — негодование росло против Блока.

> О, как паду, и горестно, и низко,
> Не одолев смертельные мечты!

28

Мы думали, что дошли до пределов страданья, а наши дни были еще как праздник. Мы надеялись на скорый конец проклятого пути, а он, самый-то проклятый, еще почти не начался. Большевики, не знавшие ни русской интеллигенции, ни русского народа, неуверенные в себе и в том, что им позволят, еще робко протягивали лапы к разным вещам. Попробуют, видят — ничего, осмелеют. Хапнут.

Так, весной 1918 года они лишь целились запретить всю печать, но еще не решались (потом, через год, хохотали: и дураки же мы были церемониться!). Антибольшевистская интеллигенция, — а другой тогда не было, исключения считались единицами, — оказывалась еще глупее, чуть не собиралась бороться с большевиками «словом», угнетенным, правда, но все-таки своим. Что его просто-напросто уничтожат — она вообразить не могла.

За месяц до этого уничтожения мне предложили издать маленький сборник стихов, все написанное за годы войны и революции. Небольшая книжка эта, «Последние стихи», необыкновенно скоро была отпечатана, в военной, кажется, типографии (очень недурно), и затем все издание, целиком, кому-то продано, — впрочем, книгу свободно можно было доставать везде, пока существовали книжные магазины. Очень скоро ее стали рекомендовать как «запрещенную».

Упоминаю об этом вот почему.

Эту новую беленькую книжечку, с такими определенными стихами против «друзей» Блока, — трудно было удержаться не послать Блоку. Я думаю, все-таки упрямое неверье было, все-таки! что большевики — друзья Блока. Ведь это же с ума сойти!

Одна из моих юных приятельниц — много у меня еще оставалось дружеской молодежи, честной, — вызвалась книжку Блоку отнести. Письма не было, только на первой странице — стихотворение, ему посвященное: «Все это было, кажется, в последний — в последний вечер, в вешний час...» — «...Душа твоя невинна. Я не прощу ей никогда».

Немного упрекала меня совесть... «Не прощу», — а книгу все-таки посылаю? На что-то надеюсь? На что?

После ответа Блока уж и надеяться стало как будто не на что.

Тоненькие сырые книжки... Поэма «Двенадцать», конечно, и стихотворение «Скифы». Тут же и предисловие Иванова-Разумника, издателя... Лучше не говорить о нем. На одной из книжечек — стихотворение Блока, написанное прямо мне. Лучше не говорить и о нем. Я его не помню, помню только, что никогда Блок таких пошлостей не писал. Было как-то, что каждому своя судьба (или вроде), — «...вам — зеленоглазою наядой плескаться у ирландских скал» (?), «мне» — (не помню что) и «петь Интернационал»...

Нет, кончено, кончено, прячу брошюрки без возврата, довольно, взорваны мосты...

И еще прошли месяцы — как годы.

29

Я в трамвае, идущем с Невского по Садовой. Трамваи пока есть, остального почти ничего нет. Давно нет никаких, кроме казенных, газет. Журналов и книг нет вообще. Гладко.

Нравственная и физическая тяжесть так растет грозно, что мимо воли тянешься прочь, вон из Петербурга, в ту Россию. где нет большевиков. Верится: *уже* нет. (А если — *еще* нет?)

Все равно, мечта — повелительная — не дает покоя, тянет на свободу.

День осенний, довольно солнечный. Я еду с одной моей юной приятельницей — к другой: эта другая — именинница, сегодня 17 сентября по старому стилю.

Мы сидим с Ш. рядом, лицом к заколоченному Гостиному двору. Трамвай наполняется, на Сенной уже стоят в проходах.

Первый, кто вошел и стал в проходе, как раз около меня, вдруг говорит:

— Здравствуйте.

Этот голос ни с чьим не смешаешь. Подымаю глаза. Блок.

Лицо под фуражкой какой-то (именно фуражка была — не шляпа), длинное, сохлое, желтое, темное.

— Подадите ли вы мне руку?

Медленные слова, так же с усилием произносимы, такие же тяжелые.

Я протягиваю ему руку и говорю:
— Лично — да. Только лично. Не общественно.
Он целует руку. И, помолчав:
— Благодарю вас.
Еще помолчав:
— Вы, говорят, уезжаете?
— Что ж... Тут или умирать — или уезжать. Если, конечно, не быть в вашем положении...

Он молчит долго, потом произносит особенно мрачно и отчетливо:
— Умереть во всяком положении можно.
Прибавляет вдруг:
— Я ведь вас очень люблю...
— Вы знаете, что и я вас люблю.
Вагон, немного опустевший, давно прислушивается к странной сцене. Мы не стесняемся, говорим громко, при общем молчании. Не знаю, что думают слушающие, но лицо Блока так несомненно трагично (в это время его коренная трагичность сделалась видимой для всех, должно быть), — что и сцена им кажется трагичной.

Я встаю, мне нужно выходить.
— Прощайте, — говорит Блок. — Благодарю вас, что вы подали мне руку.
— Общественно — между нами взорваны мосты. Вы знаете. Никогда... Но лично... как мы были прежде...

Я опять протягиваю ему руку, стоя перед ним, опять он наклоняет желтое, больное лицо свое, медленно целует руку, «благодарю вас»... — и я на пыльной мостовой, а вагон проплывает мимо, и еще вижу на площадку вышедшего за мной Блока, различаю темную на нем... да, темно-синюю рубашку...

И все. Это был конец. Наша последняя встреча на земле.

Великая радость в том, что я хочу прибавить.

Мои глаза не видали Блока последних лет. Но есть два-три человека, глазам которых я верю, как своим собственным. Потому верю, что они, такие же друзья

Блока, как и я, относились к «горестному падению» его с той же болью, как и я. Один из них, по природе не менее Блока верный и правдивый, даже упрекнул меня сурово за посылку ему моих «Последних стихов»: — Зачем вы это сделали?

И вот я ограничиваю себя — намеренно — только непреложными свидетельствами этих людей, только тем, что видели и слышали они.

А видели они — медленное восстание Блока, как бы духовное его воскресение, победный конец трагедии. Из глубины своего падения он, поднимаясь, достиг даже той высоты, которой не достигали, может быть, и не падавшие, остававшиеся твердыми и зрячими. Но Блок, прозрев, увидев лицо тех, кто оскорбляет, унижает и губит его Возлюбленную, — его Россию, — уже не мог не идти до конца.

Есть ли из нас один, самый зрячий, самый непримиримый, кто не знает за собой, в петербургском плену, хоть тени компромисса, просьбы за кого-нибудь Горькому, что ли, кто не едал корки соломенной из вражьих рук? Я — знаю. И вкус этой корки — пайка проклятого — знаю. И хруст денег советских, полученных за ненужные переводы никому не нужных романов, — тоже знаю.

А вот Блок, в последние годы свои, уже отрекся от всего. Он совсем замолчал, не говорил почти ни с кем, ни слова. Поэму свою «Двенадцать» — возненавидел, не терпел, чтоб о ней упоминали при нем. Пока были силы — уезжал из Петербурга до первой станции, там где-то проводил целый день, возвращался, молчал. Знал, что умирает. Но — говорили — он ничего не хотел принимать из рук убийц. Родные, когда он уже не вставал с постели, должны были обманывать его. Он буквально задыхался, — и задохнулся.

Подробностей не коснусь. Когда-нибудь, в свое время, они будут известны. Довольно сказать здесь, что страданьем великим и смертью он искупил не только всякую свою вольную и невольную вину, но, может быть, отчасти позор и грех России.

> ...И пусть над нашим смертным ложем
> Взовьется с криком воронье...
> Те, кто достойней, Боже, Боже,
> Да внидут в царствие Твое!

Радость в том, что он сумел стать одним из этих достойных. И в том радость, что он навеки наш, что мы, сегодняшние, и Россия будущая, воскресшая, — можем неомраченно любить его, живого.

1922

СОДЕРЖАНИЕ

КНИГА ПЕРВАЯ
1898—1904

ANTE LUCEM (1898—1900)

«Пусть светит месяц — ночь темна...» 7
«Полный месяц встал над лугом...» 7
«Она молода и прекрасна была...» 8
«Я стремлюсь к роскошной воле...» 9
«Мне снилась смерть любимого созданья...» 9
«Милый друг! Ты юною душою...» 10
Гамаюн, птица вещая («На гладях бесконечных вод...») . . 10
«Я шел к блаженству. Путь блестел...» 11
«Дышит утро в окошко твое...» 11
Неведомому богу («Не ты ли душу оживишь?..») 11
Servus — reginae («Не призывай. И без призыва...») 12
Моей матери («Спустилась мгла, туманами чревата...») . . 13
«Медлительной чредой нисходит день осенний...» 13
«Ярким солнцем, синей далью...» 13
«Лениво и тяжко плывут облака...» 14
«Поэт в изгнаньи и в сомненьи...» 14
«Хоть всё по-прежнему *певец*...» 15
«На небе зарево. Глухая ночь мертва...» 15
«Не доверяй своих дорог...» 16
«Увижу я, как будет погибать...» 16
«То отголосок юных дней...» 17
«Отрекись от любимых творений...» 17
«Измучен бурей вдохновенья...» 18
«Ищу спасенья...» 18
«Медленно, тяжко и верно...» 19
31 декабря 1900 года («И ты, мой юный, мой печальный...») 20

СТИХИ О ПРЕКРАСНОЙ ДАМЕ (1901—1902)

Вступление («Отдых напрасен. Дорога крута...») 21
«Я вышел. Медленно сходили...» 22
«Ветер принес издалёка...» 22

Моей матери («Чем больней душе мятежной...»)	23
«В день холодный, в день осенний...»	23
«Белой ночью месяц красный...»	24
«Одинокий, к тебе прихожу...»	24
«Предчувствую Тебя. Года проходят мимо...»	25
«Я жду призыва, ищу ответа...»	25
«Входите все. Во внутренних покоях...»	26
«Сумерки, сумерки вешние...»	27
«Ты горишь над высокой горою...»	27
«Встану я в утро туманное...»	28
«Медленно в двери церковные...»	28
«Будет день — и свершится великое...»	29
«Я долго ждал — ты вышла поздно...»	29
«Ночью вьюга снежная...»	30
Ночь на Новый год («Лежат холодные туманы...»)	30
«Бегут неверные дневные тени...»	31
«Сны раздумий небывалых...»	32
«На весенний праздник света...»	33
«Не поймут бесскорбные люди...»	33
«Мы живем в старинной келье...»	34
«Верю в Солнце Завета...»	34
«Ты — божий день. Мои мечты...»	35
«Гадай и жди. Среди полночи...»	35
«Я медленно сходил с ума...»	36
«Весна в реке ломает льдины...»	36
«Странных и новых ищу на страницах...»	37
«Днем вершу я дела суеты...»	37
«Люблю высокие соборы...»	38
«Мы встречались с тобой на закате...»	39
«Брожу в стенах монастыря...»	39
«Я, отрок, зажигаю свечи...»	40
«Я и молод, и свеж, и влюблен...»	41
«Свет в окошке шатался...»	42
«Золотистою долиной...»	42
«Я вышел в ночь — узнать, понять...»	43
Экклесиаст («Благословляя свет и тень...»)	44
«О легендах, о сказках, о мигах...»	45
«Явился он на стройном бале...»	45
«Свобода смотрит в синеву...»	46
«Любил я нежные слова...»	47
«Вхожу я в темные храмы...»	47
«Разгораются тайные знаки...»	48

РАСПУТЬЯ (1902—1904)

«Я их хранил в приделе Иоанна...» 49
«Стою у власти, душой одинок...» 49
«Запевающий сон, зацветающий цвет...» 50
«Целый год не дрожало окно...» 50
«Я к людям не выйду навстречу...» 51
«Потемнели, поблекли залы...» 52
«Погружался я в море клевера...» 52
«— Всё ли спокойно в народе?..» 53
«Мне снились веселые думы...» 54
«Отворяются двери — там мерцанья...» 54
«Я вырезал посох из дуба...» 55
«У забытых могил пробивалась трава...» 56
«Просыпаюсь я — и в поле туманно...» 56
«Ей было пятнадцать лет. Но по стуку...» 57
«Темная, бледно-зеленая...» 58
Фабрика («В соседнем доме окна жолты...») 58
Из газет («Встала в сияньи. Крестила детей...») . . 59
«Светлый сон, ты не обманешь...» 60
«Мой любимый, мой князь, мой жених...» 61
«Сторожим у входа в терем...» 62
«Вот он — ряд гробовых ступеней...» 63

КНИГА ВТОРАЯ
1904—1908

Вступление («Ты в поля отошла без возврата...») 67

ПУЗЫРИ ЗЕМЛИ (1904—1905)

Болотные чертенятки («Я прогнал тебя кнутом...») 68
Болотный попик («На весенней проталинке...») 69
«На весеннем пути в теремок...» 70
«Полюби эту вечность болот...» 71
Старушка и чертенята («Побывала старушка у Троицы...») . . 71
Пляски осенние («Волновать меня снова и снова...») . . . 72

НОЧНАЯ ФИАЛКА. Сон (1906) 75

РАЗНЫЕ СТИХОТВОРЕНИЯ (1904—1908)

«Я восходил на все вершины...» 85
«Фиолетовый запад гнетет...» 85
Взморье («Сонный вздох онемелой волны...») 86
«Тяжко нам было под вьюгами...» 87

«Шли на приступ. Прямо в грудь...» 87
«Она веселой невестой была...» 88
Балаганчик («Вот открыт балаганчик...») 90
Поэт («Сидят у окошка с папой...») 91
Осенняя воля («Выхожу я в путь, открытый взорам...») . . 92
«Девушка пела в церковном хоре...» 93
«Утихает светлый ветер...» 94
«В голубой далекой спаленке...» 94
«Вот он — Христос — в цепях и розах...» 95
«Так. Неизменно всё, как было...» 96
Сказка о петухе и старушке («Петуха упустила старушка...») 97
«Милый брат! Завечерело...» 98
«Прошли года, но ты — всё та же...» 100
Ангел-хранитель («Люблю Тебя, Ангел-Хранитель во мгле...») 100
«Есть лучше и хуже меня...» 102
«Шлейф, забрызганный звездáми...» 103
Русь («Ты и во сне необычайна...») 104
Сын и мать («Сын осеняется крестом...») 105
«Нет имени тебе, мой дальний...» 107
Тишина цветет («Здесь тишина цветет и движет...») 108
«Так окрыленно, так напевно...» 109
«Ищу огней — огней попутных...» 110
«О жизни, догоревшей в хоре...» 111
Балаган («Над черной слякотью дороги...») 112
«Твоя гроза меня умчала...» 113
«Со́львейг! О, Со́львейг! О, Солнечный Пу́ть!..» 113
Усталость («Кому назначен темный жребий...») 114
«Зачатый в ночь, я в ночь рожден...» 114
«С каждой весною пути мои круче...» 116
Девушке («Ты перед ним — что стебель гибкий...») 117
«Когда я создавал героя...» 118
«Твое лицо мне так знакомо...» 118

ГОРОД (1904—1908)

Петр («Он спит, пока закат румян...») 120
«Вечность бросила в город...» 121
«Город в красные пределы...» 122
«Поднимались из тьмы погребов...» 122
«В кабаках, в переулках, в извивах...» 123
«Барка жизни встала...» 125
«Я вам поведал неземное...» 125
Митинг («Он говорил умно и резко...») 126

«Вися над городом всемирным...» 128
«Еще прекрасно серое небо...» 129
«Ты проходишь без улыбки...» 130
Перстень-страданье («Шел я по улице, горем убитый...») . 131
Сытые («Они давно меня томили...») 132
«Твое лицо бледней, чем было...» 133
Незнакомка («По вечерам над ресторанами...») 134
«Передвечернею порою...» 136
Холодный день («Мы встретились с тобою в храме...») ... 137
В октябре («Открыл окно. Какая хмурая...») 138
Окна во двор («Одна мне осталась надежда...») 140
«Хожу, брожу понурый» 141
На чердаке («Что́ на свете выше...») 143
Клеопатра («Открыт паноптикум печальный...») 144

СНЕЖНАЯ МАСКА (1907)

СНЕГА

Снежное вино («И вновь, сверкнув из чаши винной...») .. 146
Снежная вязь («Снежная мгла взвила́сь...») 147
Последний путь («В снежной пене — предзакатная...») .. 148
Второе крещенье («Открыли дверь мою метели...») .. 149
Настигнутый метелью («Вьюга пела...») 149
Ее песни («Не в земной темнице душной...») 151
Крылья («Крылья легкие раскину...») 152

МАСКИ

Под масками («А под маской было звездно...») 153
Сквозь винный хрусталь («В длинной сказке...») ... 154
В углу дивана («Но в камине дозвенели...») 154
Они читают стихи («Смотри: я спутал все страницы...») .. 156
Неизбежное («Тихо вывела из комнат...») 156
Смятение («Мы ли — пляшущие тени?..») 157
Обреченный («Тайно сердце просит гибели...») 158
Сердце предано метели («Сверкни, последняя игла...») . 158
На снежном костре («И взвился костер высокий...») .. 159

ФАИНА (1906—1908)

«Вот явилась. Заслонила...» 161
«Я был смущенный и веселый...» 162
«Ушла. Но гиацинты ждали...» 163
«Я насадил мой светлый рай...» 164
Осенняя любовь («Когда в листве сырой и ржавой...») ... 164

«В те ночи, светлые, пустые...» 167
Снежная дева («Она пришла из дикой дали...») 168
Заклятие огнем и мраком («О, весна без конца и без краю...») 169
Инок («Никто не скажет: я безумен...») 181
«Всю жизнь ждала. Устала ждать...» 182
«Когда вы стоите на моем пути...» 183
«Она пришла с мороза...» 184
«Я помню длительные муки...» 185
«Своими горькими слезами...» 186

ВОЛЬНЫЕ МЫСЛИ (1907)

О смерти («Всё чаще я по городу брожу...») 188
Над озером («С вечерним озером я разговор веду...») 192
В северном море («Чтó сделали из берега морского...») . . . 195
В дюнах («Я не люблю пустого словаря...») 198

Зинаида Гиппиус. Мой лунный друг 200

Литературно-художественное издание

АЛЕКСАНДР БЛОК
СТИХИ О ПРЕКРАСНОЙ ДАМЕ

Ответственная за выпуск Галина Соловьева
Художественный редактор Валерий Гореликов
Технический редактор Мария Антипова
Компьютерная верстка Алексея Соколова
Корректоры Людмила Ни, Татьяна Бородулина
Главный редактор Александр Жикаренцев

Знак информационной продукции
(Федеральный закон № 436-ФЗ от 29.12.2010 г.): **12+**

Подписано в печать 04.12.2019. Формат издания 75 × 100 $^1/_{32}$.
Печать офсетная. Тираж 2000 экз. Усл. печ. л. 11,28. Заказ № 4654.

ООО «Издательская Группа „Азбука-Аттикус"» —
обладатель товарного знака АЗБУКА®
115093, г. Москва, ул. Павловская, д. 7, эт. 2, пом. III, ком. № 1

Филиал ООО «Издательская Группа „Азбука-Аттикус"»
в Санкт-Петербурге
191123, г. Санкт-Петербург, Воскресенская наб., д. 12, лит. А

ЧП «Издательство „Махаон-Украина"»
Тел./факс: (044) 490-99-01. E-mail: sale@machaon.kiev.ua

Отпечатано в ОАО «Можайский полиграфический комбинат»
143200, Россия, г. Можайск, ул. Мира, 93
www.oaompk.ru
Тел.: (495) 745-84-28, (49638) 20-685

Марина Цветаева
ЛЕБЕДИНЫЙ СТАН

...Цветаева – максималист, и вектор ее душевных движений заранее известен. Тем не менее назвать Цветаеву поэтом крайностей нельзя хотя бы потому, что крайность... всего лишь место, где для нее стихотворение начинается...

Иосиф Бродский

В сборник вошли лирические стихотворения Марины Цветаевой, созданные в 1917–1940 гг., в эпоху наивысшего творческого расцвета и литературной зрелости. В эти годы в полной мере проявился бескомпромиссный цветаевский характер, а также уникальность ее поэтического дара, значение которого в пылу политических и литературных войн не всегда могли оценить современники, как в советской Москве, так и в «русском» Париже. Тем не менее, наперекор непониманию и одиночеству, одна «за всех» и одна «противу всех», Цветаева поистине стала «вождем своей судьбы» (как писала о ней Белла Ахмадулина) и заняла одно из главных мест в ряду крупнейших поэтов XX века.

НОВИНКИ В СЕРИИ «АЗБУКА-КЛАССИКА»

Чингиз Айтматов
ТАВРО КАССАНДРЫ

Чингиз Айтматов — писатель с мировым именем, классик русской и киргизской литературы, лауреат престижнейших премий. Его произведения переведены на десятки языков и давно стали достоянием мировой литературы.

В настоящее издание вошел фантастический роман «Тавро Кассандры» — вещь не просто талантливая и значительная, но стоящая особняком в творчестве автора. Обращение к фантастической теме (создание искусственного разума), столь нехарактерное для Айтматова, извилистым путем увлекательного рассказа приводит читателя к извечным темам противостояния природы и человека.

НОВИНКИ В СЕРИИ «АЗБУКА-КЛАССИКА»

ИЗДАТЕЛЬСКАЯ ГРУППА
АЗБУКА-АТТИКУС

В состав Издательской Группы
входят известнейшие российские издательства:
«Азбука», «Махаон», «Иностранка», «КоЛибри».

Наши книги — это русская и зарубежная классика,
современная отечественная и переводная
художественная литература, детективы, фэнтези,
фантастика, non-fiction, художественные
и развивающие книги для детей,
иллюстрированные энциклопедии по всем отраслям
знаний, историко-биографические издания.

Узнать подробнее о наших сериях и новинках
вы можете на сайте

www.atticus-group.ru

Здесь же вы можете прочесть отрывки из новых книг,
узнать о различных мероприятиях и акциях,
а также заказать наши книги через интернет-магазины.

ПО ВОПРОСАМ РАСПРОСТРАНЕНИЯ ОБРАЩАЙТЕСЬ:

В МОСКВЕ

ООО «Издательская Группа „Азбука-Аттикус"»

Тел.: (495) 933-76-01,
факс: (495) 933-76-19

e-mail: sales@atticus-group.ru;
info@azbooka-m.ru

В САНКТ-ПЕТЕРБУРГЕ

Филиал ООО «Издательская Группа „Азбука-Аттикус"»

Тел.: (812) 327-04-55,
факс: (812) 327-01-60

e-mail: trade@azbooka.spb.ru

В КИЕВЕ

ЧП «Издательство „Махаон-Украина"»

Тел./факс: (044) 490-99-01

e-mail: sale@machaon.kiev.ua

Информация о новинках и планах на сайтах:

www.azbooka.ru
www.atticus-group.ru

Информация по вопросам приема рукописей
и творческого сотрудничества
размещена по адресу:
www.azbooka.ru/new_authors/